세상 편하게
부자되는 법,
ETF

투자는 하고 싶은데 주식이 어려운 당신에게

세상 편하게 부자되는 법

ETF

이승원, 임종욱, 안상혁, 두지영 지음

21세기북스

세상 쉽고 마음 편한 ETF로 투자하자

ETF는 'Exchanged Traded Fund'의 약자로, 거래소에서(Exchange) 주식처럼 사고팔 수 있는(Traded) 인덱스펀드(Fund)를 뜻한다. 이 ETF 가 최초로 출시된 지 30년 가까이 되었다. 우리나라의 주식 시장에도 첫 ETF가 나온 지 20여 년이 지났다. 지금은 아주 많은 ETF가 글로 벌 시장에서 거래되고 있으며, 다양한 투자 전략을 활용할 수 있을 만 큼 진화를 거듭하고 있다.

2020년 코로나 사태 이후 주식 시장에 투자되는 자금이 급격히 증 가했지만, ETF 시장은 더 빠르게 성장하고 있다. 2010년 한국거래소 기준 64개 종목 6.1조 시장이었던 것이 2021년 8월말 기준 502개 종 목 64조 원으로 가파른 성장을 보였다. 10년 사이에 종목 수와 투자

된 자금이 9~10배 성장한 것이다. 이런 성장세와 ETF의 진화는 계속 이어질 것이며, 새로운 투자문화를 열게 될 것이라고 감히 확신한다. 이런 ETF 열풍의 한가운데서 전문가로서 ETF 투자에 관한 올바른 지식을 공유하고, '현명한 투자'를 하는 데 도움이 되었으면 하는 바람으로 이 책을 썼다.

'내가 원하는 것에 가장 쉽게 투자할 수 있는 투자 수단.'
이것이 ETF를 설명하는 가장 적절한 말인 것 같다. ETF는 기본적으로 개별종목에 투자하는 것보다 상대적으로 쉽다. 주식 투자를 할 때는 해당기업의 재무재표를 보며 당기순이익 등의 회사의 상태를 볼 수 있어야 하고, 회사가 추진하는 비즈니스의 방향 등을 정확히 알고 있어야 한다. 그리고 산업 전반에 대한 분석을 통해 투자 가치가 있는지도 판단해야 한다. 여기서 끝이 아니다. 이 모든 것들을 고려하고 투자하기 전에 지금 주가가 싼지 비싼지 가격과 타이밍도 판단해야 한다. 그런데 투자 타이밍이라고 하는 것이 얼마나 어려운지는 주식에 투자해본 분이라면 다 알고 있을 것이다.

ETF는 이처럼 어려운 투자 과정을 비교적 쉽게 만들어준다. 향후 세상이 어떻게 변할 것이고, 앞으로 발전가능성이 높은 산업이 어디인지만 판단하면 된다. 특정 기업이 좋고, 나쁜지는 ETF에서는 큰 의미가 없을 수 있다. ETF는 인덱스 펀드처럼 정해놓은 기준에 따라 투자할 기업의 주식이 이미 정해져 있고, 정기적으로 이를 조정해주기까지 하기 때문이다.

ETF는 이미 선별된 투자종목에 대한 분산이 되어 있다. ETF 최소 편입 종목이 10종목 이상이기 때문이다. 만약 퇴직연금처럼 매월 정액이 들어오는 계좌에서 이미 분산되어 있는 ETF를 투자한다면 분할투자, 분산투자가 자동으로 되는 것이다. 그리고 '직장생활 동안'이라는 긴 투자 기간을 통해 자연스럽게 장기투자도 할 수 있다. 투자 지역과 투자 대상만 정해진다면 가장 작은 리스크를 가지고 쉽게 투자할 수가 있는 것이 바로 연금계좌를 이용한 ETF 투자다.

한 가지 더 주목해야 할 것이 '투자 트렌드의 변화'다. 최근에는 주식을 대체할 수 있을 만큼 다양한 ETF 상품이 나와 있다. '이런 것도 투자 가능하다고?' 할 만큼 다양한 ETF가 있다. 전 세계적으로 8,000개이상 상장되어 있으며, 우리나라에만 해도 500개가 넘게 있다.

최근 출시되고 있는 ETF들을 보면 투자대상이 더욱 세분화되는 추세다. 최근 변화된 점은, 미래의 성장이 확실시되는 글로벌 혁신 테마의 투자가 늘고 있다는 점이다. 그리고 ETF도 이런 투자 트렌드의 변화에 맞춰서 상품이 계속 출시되고 있다.

예를 들어, 환경문제는 코로나 이후 전 세계가 겪을 새로운 위기가될 수 있다. 그래서 우리나라를 비롯 미국, 중국, 유럽 모두 환경에 대한 심각성을 인지하고 이에 대한 대대적인 정책과 규제를 내놓고 있다. 이를 투자의 관점으로 바꿔서 생각한다면, 자동차는 전부 전기차로 바뀌어야 할 것이고, 탄소배출과 관련해서는 국가별로 더 강력한 정책을 가지고 가게 될 것이다. 그리고 앞으로 우리가 쓰는 에너지도 친환경에너지로 전환될 것이다. 그렇다면 우리는 친환경과 관련된 투자처를 찾아 투자하면 된다. 내가 투자할 테마나 지역만 정하면 ETF를 통해 비교적 낮은 비용으로 손쉽게 투자할 수 있다.

새로운 트렌드가 대중에게 흡수되는 시간이 점점 단축되고 있는 점을 주목해야 한다. 1960년대 컬러TV가 대중에게 흡수되기까지 40년 이상이 걸렸다. 휴대전화의 경우에는 나온 지 20년이 지나서야 대중화되기 시작했다. 그럼 현재 우리 일상에서 뗄 수 없는 스마트폰은 얼마가 걸렸을까? 채 10년도 걸리지 않았다. 신기술이 모두가 인정하는 메가 트렌드가 되기까지 걸리는 시간은 점점 더 단축될 것이다. 그것은 전기차일 수도 있고, 가상 현실을 이야기 하는 메타버스가 될 수도 있다. 우리는 투자의 관점에서 빠른 변화에 익숙해져야 하며, ETF를 통해 더 쉽고 빠르게 투자할 수 있을 것이다.

이처럼 급변하는 세상에서 미래의 먹거리는 뭐가 될지, 여러분 몸소 느끼는 것이 있다면 정보를 확인하고 투자해보자. 그리고 투자 수단을 ETF로 한다면 내가 투자하고 싶은 곳에 더 쉽게 투자할 수 있을 것이다.

이 책은 총 5개의 파트로 구성되어 있다. PART 1에서는 뜨거운 ETF의 시장의 열기와 성장을 소개하고, '현명한 투자'란 어떤 것인지 설명한다. PART 2에서는 ETF 거래를 하기 위해 반드시 알아야 하는

ETF 관련 개념들을 알려준다. PART 3에서는 앞으로 더 주목해야 할 테마형 ETF들을 심도 있게 다루었다. PART 4에서는 직장인이라면 반드시 알아야 할 연금계좌에서의 ETF에 대해 알려준다. 다시 강조하지만, 연금계좌에서의 ETF 투자는 아무리 강조해도 지나치지 않을 만큼 중요하다. 마지막으로 PART 5에서는 ETF 투자의 기술적인 부분과 매매를 할 때 알고 있어야 할 내용을 소개한다. ETF와 함께 성공적이면서 현명한 투자를 하는 데 이 책이 좋은 가이드이자 친구가 되었으면 하는 마음이다.

마지막으로 'ETF'라는 혁신 상품에 아낌없는 지원을 해주는 회사에 감사의 말씀을 올린다. 그리고 이 책이 나올 수 있게까지 도와주신 21세기북스 출판사와 바쁜 업무에도 공동집필 작업을 해준 우리 임종욱 팀장, 안상혁 매니저, 두지영 매니저, 그리고 항상 내 옆을 지켜주는 가족들에게도 말로 표현할 수 없는 고마움을 전한다.

2021년 10월

이 승 원

Contents

PART 1
21세기 최고의 금융상품 ETF

PART 2
투자하기 전 반드시 알아야 할 ETF 개념 완전 정복!

PART 3
고성장, 고수익에 집중하라! '테마 투자'의 모든 것

PART 4
ETF, 연금계좌에서 활용하면 더욱 좋다!

PART 5
ETF 투자자가 놓치기 쉬운 6가지

PART 1

21세기
최고의 금융상품
ETF

01

지금 세상의 돈은
ETF로 몰린다!

국내 ETF 시장의 성장세가 가파르다. 2017년 말 국내 35조 원 수준
이었던 것이 4년이 채 되지 않은 2021년 8월 현재 64조 원 수준에 근
접했다. 약 29조 원, 거의 85% 수준으로 증가한 것이다. ETF 종목 수
역시 크게 늘었다. 2017년 325종목이었던 데 비해, 2021년 8월 현재
502종목이 한국거래소에 상장되어 있다. 하루에 거래되는 금액도 많
이 늘었다. 2021년 3월 기준 국내 ETF 일 평균 거래대금은 약 4조 원
수준이다. 이는 국내 주식 전체 일 평균 거래대금의 13% 수준을 차
지한다. 10년 전에 주식거래 대금의 1% 수준 남짓이었던 것에 비하면
10배 이상 증가한 것이다.

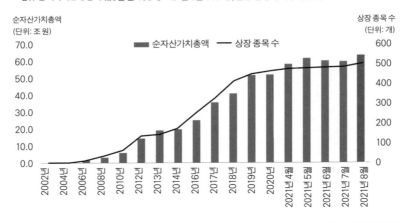

한국 ETF 시장 추이

- 연초 대비 ETF AUM 약 11조 원 상승 (20년 12월 52.0조 → 21년 8월 말 기준 63.4조 원)
- ETF종목 수 32개 증가 (20년 말 468개 → 21년 8월 502개), 신규 운용사 시장 진입(총 16개 운용사)

출처: 미래에셋자산운용, 한국거래소, 2021.08.30 기준

2010년부터 10년 이상 동안 시장은 연 평균 20% 성장했다. 2021년 8월 현재 ETF 잔고는 2020년 12월 말 대비 11.4조 성장했고 총 규모는 63.4조 원 수준까지 올라왔다.

특히 ETF 시장에 있어 개인투자자의 성장이 괄목할 만하다. 개인투자자 순매수는 2020년 말 9.8조 원에서 2021년 8월 말 현재까지 15.5조 원으로 5.7조 원이 증가했다. 이 기간의 특징은 레버리지/인버스 ETF와 같은 시장의 방향성만을 보고 투자하는 상품의 비중은 줄었고, 성장기술주 및 전기차 등 장기 성장성이 높은 '미래 혁신 테마' ETF가 성장했다는 것이다.

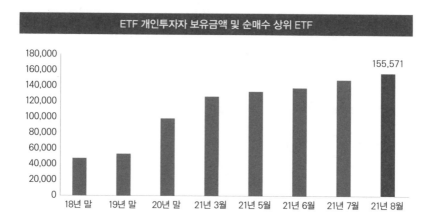

ETF 개인투자자 보유금액 및 순매수 상위 ETF

종목명	순매수금액
TIGER 차이나전기차SOLACTIVE	10,186
TIGER 글로벌리튬&2차전지SOLACTIVE(합성)	4,116
TIGER 미국테크 TOP10 INDXX	3,818
TIGER 미국필라델피아반도체나스닥	3,207
TIGER 미국S&P500	2,773
TIGER 차이나항셍테크	2,603
KODEX 200선물인버스2X	2,575
TIGER KRX2차전지K-뉴딜	2,398
KODEX 2차전지산업	1,864
TIGER 미국나스닥100	1,511
KODEX 레버리지	1,480
KINDEX 미국S&P500	1,306
KODEX 자동차	1,034
KODEX 미국FANG플러스(H)	894

── 혁신 성장 테마, 2021.08.31 기준

출처: 미래에셋자산운용 (단위: 억 원)

2021년 상반기까지는 KODEX200선물 인버스2X가 가장 많은 개인 순매수를 보이고 있었지만, 이전의 표에서 보듯이 미래의 혁신 기술에 투자하는 혁신 성장 ETF에 대한 투자가 대부분을 차지한다. 과거와 비교했을 때는 투자자의 생각이 많이 바뀌고 있음을 알 수 있다. 차이나전기차ETF, 2차전지K뉴딜 등 미래의 성장을 보고 투자하는 이른바 스마트한 투자자가 지속적으로 증가하고 있다는 것은 상당히 고무적인 부분이다.

전 세계적으로 보면 2021년 4월 현재 ETF는 7,878종목 8조 7천억 달러(9,500조 원) 수준의 시장이 형성되어 있다. 이 또한 3년 전 5,000조 시장에서 80% 이상 성장한 것이다. 물론 주식 시장의 상승이 전체 순자산총액의 증가에 큰 역할을 했지만, 상장 상품 수의 증가를 보면 ETF에 대한 관심도와 함께 시장의 성장을 다시 한번 느낄 수 있다.

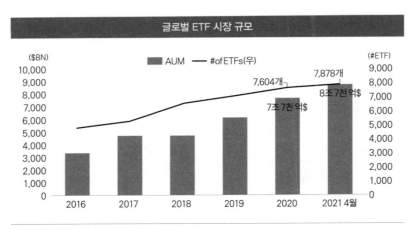

출처: 미래에셋자산운용(단위: 조 원)

투자환경의 변화로 떠오른 ETF

ETF의 성장 속도는 과거보다도 빨라지고 있으며, 앞으로 그 속도는 더 빨라질 것으로 예측된다. 그렇다면 ETF가 투자자들에게 관심을 받고 성장하는 이유는 뭘까? 투자 환경이 어떻게 변했는지를 보면 그 답이 보인다.

과거 투자자들이 이용했던 손쉬운 투자 중 하나가 펀드였다. 투자는 하고 싶은데, 어떻게, 무엇을 투자해야 할지 모르는 사람들에게는 펀드매니저가 '알아서' 운용해주는 펀드는 단비 같은 존재였다. 워런 버핏, 짐 로저스 같이 전 세계적으로 유명한 펀드매니저들이 있었고, 국내에도 다수의 스타 펀드매니저가 존재했다.

당시 금융전문가가 추천하고 운용전문가가 운용하는 액티브 펀드의 인기는 상당했다. 펀드매니저에게 높은 보수 비용을 지불해야 하지만 그만큼 기대수익이 컸으며, 이름 있는 펀드매니저가 투자 대상을 선정하고 투자 시기를 정하는 것이 중요하다고 생각했다. 유명한 펀드로 자금이 몰렸고, 펀드매니저들은 들어오는 자금으로 본인이 원하는 포트폴리오(주식)을 매수하면서 더 좋은 결과를 만들어낼 수 있었다. 믿기지 않겠지만, 2007년에는 오늘날의 공모주 열풍처럼, 펀드를 가입하기 위해 은행과 증권사 지점에 줄을 섰던 시절도 있었다.

그러나 2000년대 후반 금융위기를 겪으면서 운용성과에 부침이 심해지기 시작했다. 세계 경제 침체가 지속되면서 주식 시장이 박스권에

머물다 보니, 수수료만 빠져나간다는 인식도 생겼다.

비교적 높은 수수료에 대한 투자자들의 불만과 직접 투자에 대한 열풍으로 공모 펀드 인기는 예전보다 줄어들었고 상대적으로 저렴한 보수와 시장수익률을 추종하는 패시브 펀드의 성과가 시장을 이기겠다는 액티브 펀드의 성과를 추월하는 상황도 발생했다. 2001~2016년 60%가량의 액티브 펀드가 시장지수보다 낮은 수익률을 기록했다. 2020년 12월 말에 이르러서는 52조를 기점으로 ETF 투자 규모가 공모 펀드 규모를 넘어섰다.

ETF는 펀드와 어떻게 다를까?

여기서 다시 한 번 ETF의 정의를 짚고 넘어가자. ETF(Exchanged Traded Fund)라는 말 그대로 거래소에서(Exchange) 주식처럼 사고 팔수 있는(Traded) 인덱스펀드(Fund)다. 인덱스펀드란 특정 지수를 100% 복제하는 펀드를 뜻한다. 즉 한국거래소에 상장되어 장중에 매매되는 인덱스펀드가 ETF인 것이다. 상품의 구조가 펀드인 만큼, 펀드의 기준가격과 비슷하게 ETF도 해당 ETF의 적정가격을 가늠하는 순자산가치(NAV)가 있고, 이 순자산가치는 ETF가 추종하는 기초지수의 움직임에 따라 변한다.

ETF는 펀드에서 한발짝 더 나아가, 인덱스펀드와 주식의 장점이 결합된 상품이라 할 수 있다. 다양한 상품이 존재하고, 투자하고 싶은 대상과 결합된 ETF가 국내, 국외 상관없이 상장되어 있기 때문이다. 주식을 고르는 것은 어렵지만, 내가 투자하고 싶은 테마를 정하는 것은 상대적으로 용이하다. 그리고 그 대상을 투자할 수 있는 생태계가 ETF라는 혁신적인 상품으로 만들어진 것이다. 따라서 현재의 ETF를 다시 정의한다면 '내가 투자하고 싶은 것에 가장 쉽고 안정적으로 투자할 수 있는 수단'이라고 할 수 있다.

그렇다면 ETF는 펀드와는 완전히 다른 새로운 금융상품일까? 그렇지는 않다. ETF도 일종의 '펀드'다. 그런데 ETF가 기존 펀드와는 다른 혁신 상품으로 평가받는 첫 번째 이유는 거래의 편리성이다.

펀드를 투자해보았다면, 펀드 가입했을 때 '(간이)투자설명서'를 보았을 것이다. 투자설명서를 유심히 보면 매입 방법과 환매 방법이 적혀 있다. 다음은 우리나라 대표적인 해외주식형 펀드 투자설명서인데 매입과 환매에 시간이 소요된다는 걸 알 수 있다. 반면 ETF의 경우 앞서 언급한 것처럼 거래소에 상장되어 있어, 체결시기가 주식과 동일하다. 따라서 사고 싶을 때 사고 팔고 싶을 때 팔 수 있다.

ETF가 사랑받는 두 번째 이유는 바로 투명성이다. 투자문화가 정착되면서 투자자산에 대한 투명성이 강조되기 시작했다. 액티브펀드가 유행하던 시기나 금융위기와 같이 주식 시장의 변동성이 커진 시기에는 투자하는 자산에 대한 투명성이 더 중요해진다. 실제로 최근 사모펀드 사태 등이 있고서는 펀드가 투자하는 자산에 대한 투명성이 더

펀드 투자설명서 중 일부			
매입방법	1. 17시 이전: 자금을 납입하는 영업일(D)로부터 제3영업일 에 공고되는 기준가격을 적용 2. 17시 경과 후: 자금을 납입하는 영업일(D)로부터 제4영업에 공고되는 기준가격을 적용	환매방법	1. 17시 이전: 환재청구일(D)로부터 제4영업일에 공고되는 기준가격을 적용하여, 제8영업일에 환매대금을 지급 2. 17시 경과 후: 환매청구일(D)로부터 제5영업일에 공고되는 기준가격을 적용하여, 제9영업일에 환매다금을 지급
환매 수수료	[A, A-e, AG, C1, C2, C3, C4, C-e, CG, C-I, F, S, C-P, C-Pe, C-P2, C-P2e] 없음		

출처: 국내 대표적인 해외투자 펀드투자설명서 중 일부 발췌

강조되고 있다.

ETF는 투자자산을 투명하게 볼 수 있다. 오른쪽 표와 같은 PDF(구성종목)를 통해 해당 ETF가 투자하고 있는 종목이 무엇인지, 비중은 어떤지를 투자자들은 실시간으로 바로 확인할 수 있다. 따라서 왜 수익률이 좋은지, 왜 좋지 않은지 등의 원인을 투자자 본인이 바로 분석할 수 있다. 물론 펀드에 가입해도 펀드의 투자 전략, 투자 포인트는 물론 매일의 수익률을 확인할 수 있다. 자본시장법에 따라 분기마다 이메일이나 우편으로 투자자에게 어떻게 운용하고 있는지에 대한 상세한 운용보고서를 보내주게 되어 있으며, 해당 운용보고서에는 보유 상위종목이나 향후 운용 계획도 나와 있다. 하지만 매니저의 철학이 녹아 있는 만큼, 펀드 내에서 어떤 종목을 얼마만큼 보유하고 있는지 매일 공개하기에는 어려움도 있다.

과거에는 개인투자자, 기관투자자 할 것 없이 운용사에 수익률 성과

NO.	종목코드	종목명	수량(주)	평가금액(원)	비율(%)

TIGER 반도체 ETF의 PDF(구성종목) 중 일부

구성종목

NO.	종목코드	종목명	수량(주)	평가금액(원)	비율(%)
1.	000660	SK하이닉스	1,267	155,841,000	20.90
2.	000990	DB하이텍	952	49,599,200	6.65
3.	240810	원익IPS	892	44,689,200	5.99
4.	058470	리노공업	269	44,492,600	5.97
5.	098460	고영	1,490	37,995,000	5.10
6	108320	실리콘웍스	296	31,080,000	4.17
7.	064760	티씨케이	177	30,479,400	4.09
8.	039030	이호테크닉스	227	25,900,700	3.47
9.	046890	서울반도체	1,029	20,457,200	2.74
10.	042700	한미반도체	545	17,576,250	2.36

출처: 미래에셋자산운용

분석에 대한 질의와 분석자료 요청을 많이 했다. 펀드 내에 있는 주식이나 채권 같은 자산을 공식적으로 공개하지 않기 때문이다. 정기 보고서에 나와 있는 자료는 보통 3개월 이전의 자료이기 때문에 이미 많은 시간이 지나 분석 자료로서의 의미는 많이 사라진 상태다.

그러나 ETF는 ETF 자체로 모든 것을 설명할 수 있기 때문에 성과 분석에 대한 문의를 할 필요가 상대적으로 적다. 투자자 스스로 확인할 수 있기 때문이다. 펀드, ETF와 주식 간의 차이를 요약하면 다음의 표와 같다.

투자자의 성향에 따라 투자 방법은 다를 수 있기 때문에 어떤 금융

펀드, ETF, 주식의 차이			
구분	펀드	ETF	주식
투명성	낮음	높음 (PDF 공개)	높음
결제주기	T+3~8	T+2	T+2
거래비용	보수 및 중도환매수수료	위탁수수료 및 보수	위탁수수료
매매시 세금	배당소득세(15.4%)	국내주식형: 없음 기타 ETF: 배당소득세(15.4%)	증권거래세
투자위험	시장위험	시장위험	개별 및 시장위험
분산투자	가능	가능	불가
장중 거래	불가	가능	가능

출처: 한국거래소

상품이 더 좋다고 말할 수는 없다. 하지만 ETF는 주식과 펀드의 장점이 결합된 금융상품이라는 점에서 충분히 메리트가 있다.

02

이래서 워런 버핏이
ETF를 강추했던 겁니다

이 세상에서 가장 투자를 잘한다는 워런 버핏이 말한 유명한 투자 원칙이 있다. 제1규칙은 "절대 돈을 잃지 마라", 제2규칙은 "제1규칙을 절대로 잊지 마라"다. 투자의 귀재라고 불리는 그이기에 할 수 있는 말이라고 생각할지 모르겠다. 하지만 그렇고 해서 투자에 실패한 적이 없었을까? 당연히 있었을 것이다. 실패를 통해 그는 이런 원칙을 세우게 되었다.

"자신이 잘 아는 종목에 장기투자하라. 만약 그럴 자신이 없다면 인덱스펀드에 분할투자하라."

이 짧은 말에는 정말 중요한 세 단어가 들어 있다. '장기투자', '인덱스펀드' 그리고 '분할투자'다. 한 종목에 투자하더라도 장기적인 관점에서 봐야 한다. 대부분의 우량 종목은 매수 시점이 높아 손실을 보고 있더라도 회복할 수 있는 기회가 다시 찾아온다. 물론 회복하고 수익을 실현하는 데까지 시간이 걸릴 수 있다. 그 시간을 단축시키는 가장 좋은 방법이 분할매수다. 그리고 이러한 분할매수를 기계적으로 하는 것이 적립식 투자다. 그가 말하는 돈을 잃지 않는 가장 좋은 방법은 결국 장기적인 관점에서 우량 종목을 분할매수를 하는 것이다.

그럼 한 개의 종목보다는 여러 개의 종목을 한 바구니에 담고 있는 인덱스펀드를 좋은 투자 수단이라고 한 것은 왜일까? 버핏이 이런 말을 한 건, 종목 선택이 얼마나 어려운지 누구보다 잘 알기 때문일 것이다. ETF는 인덱스 생성 때부터 투자 기업을 필터링하고, 수십 개의 종목을 담아냄으로써 위험을 어느 정도 상쇄한다. 그렇기 때문에 버핏은 투자에 익숙치 않은 아내에게 이런 유언을 남겼다.

"기부를 하고 남은 돈의 90%는 S&P500 지수를 추종하는 인덱스펀드에 투자하고 나머지 10%는 국채를 매입하라."

ETF를 예찬한 사람으로 미국인 최초 노벨경제학상 수상자인 폴 새뮤얼슨 박사도 빼놓을 수 없다. 그는 2005년 "존 보글의 인덱스펀드 개발은 바퀴와 알파벳 발명만큼 가치 있다"고 말했다. 새뮤얼슨은 경제학에 수학적 기법을 연결해 현대의 수리경제학을 정립했다는 평가를 받는 사람이다. 주식 시장과 경제의 상관관계에 대해 "주가로 경제 사이클을 예측할 수 있지만, 주식 시장은 최근 다섯 번의 경체 침체

동안 아홉 번의 사인을 보여줬다"라고 말하며 주가의 불규칙성을 이야기한 사례는 유명하다. 이런 새뮤얼슨이 ETF(인덱스펀드)를 혁신적인 금융상품이라고 한 것은 의미가 있다.

버핏과 새뮤얼슨이 이토록 예찬한 ETF의 장점을 좀 더 자세히 들여다보자.

위험을 분산시킬 수 있다

'2차전지 ETF'는 2020년부터 2021년까지 뜨거운 감자다. 그런데 2차전지와 관련된 주식이 많이 있지만, 어느 종목이 좋은 것인지 또는 수익을 많이 가져다줄지는 알 수 없다. 2차전지 테마에는 대표적인 3개의 기업이 있다. LG화학(LG에너지솔루션), 삼성SDI, SK이노베이션이다. 그러나 이들 중 어느 주식이 투자자에게 많은 수익을 줄 수 있을지는 아무도 모른다. 그래서 ETF를 하는 것이다.

ETF를 만드는 데는 원칙이 있다. 주식형 ETF의 경우 10종목 이상으로 구성해야 한다. 또한 1종목에 대한 투자를 30% 이상 할 수 없다. 'TIGER 2차전지 테마 인덱스'에 포함되려면 다음과 같은 두 조건을 만족시켜야 한다.

① 최근 2년간 발간된 종목별 증권사 리포트 키워드 분석 후 상위 5위 이내

에 '2차전지'가 포함된 종목 중 2차전지 제품/원료/장비 생산 및 유통 매출이 2,000억 원 이상이거나 매출 비중이 50% 이상인 종목 선정

② 2차전지 키워드가 들어간 종목 중 직접적인 2차전지 관련 매출이 일정 금액/비중 이상인 기업(시가총액 1,000억 원 미만 기업도 제외)

이처럼 인덱스를 만들 때 투자할 기업들에 대한 필터링을 거치기 때문에 흔히 말하는 '잡주'는 포함될 수 없다. 이 자체가 위험을 분산한 것이다. 따라서 기업부도와 같은 위험에 노출이 상대적으로 적을 수밖에 없다. 실제 1종목이 부도나 부도에 따른 최악의 상황인 상장폐지까지 간다고 할지라도 투자자가 감수해야 할 위험은 주식에 비해 매우 미미하다.

얼마 전 미국에서 LG화학과 SK이노베이션 사이에 영업권 분쟁이 있었다. SK에서 2조 원의 합의금을 주는 것으로 일단락되었지만, 미국 국제무역의원회(ITC)가 LG화학의 손을 들어주었다는 뉴스가 나온 다음 날, SK이노베이션은 폭락했고 LG화학은 폭등했다. LG화학 주식을 가지고 있었던 사람은 웃고, SK이노베이션 주식을 가지고 있던 사람은 충격에 빠졌다.

그런데 만약 앞에서 말한 대표적인 3가지 주식을 25%씩 담고 있는 TIGER 2차전지 K-뉴딜 ETF를 가지고 있었다면 어땠을까? 실제로 이 ETF는 LG화학만 가지고 있던 주주보다는 수익률이 낮았겠지만, 상당한 플러스 수익률을 보여줬다. LG화학과 삼성SDI의 수익률이 SK

이노베이션의 마이너스 수익률 분을 상쇄시키고도 남은 것이다. 바로 이런 이유 때문에 테마 투자를 ETF를 통해서 하는 경우가 많다.

적은 돈으로 쉽게 투자할 수 있다

이렇게 반문할 수도 있을 것이다. 그럼 내가 세 주식을 동일 비중으로 사면 되는 것 아닌가? 굳이 보수 비용을 지불하면서 ETF를 매수할 필요가 있을까? 맞다. 살 수 있다면 그렇게 사는 것이 비용적인 측면에서 좋다. ETF 보수가 발생하지 않으니 당연히 유리하지 않겠는가.

다만 그 3개의 주식을 비슷한 비중으로 사려면 220만 원가량이 필요하다(LG화학 1주 79만 원, 삼성SDI 1주 62만 원, SK이노베이션 3주 83만 원). ETF였다면 당시에 TIGER KRX 2차전지 ETF 1주당 가격이 15,000원 정도였으니, 15,000원으로 비슷한 포트폴리오를 만들 수 있었다. ETF는 그만큼 적은 자본으로 나만의 포트폴리오를 편리하게 만들 수 있다. 이것은 펀드의 장점을 가져온 덕분이라 할 수 있겠다.

펀드에는 좌수가 존재한다. 펀드는 구성되어 있는 주식의 총액을 1좌의 가격으로 낮춰놓았기 때문에 1좌로만 사도 포트폴리오의 수익률 실현이 가능하다. 따라서 ETF는 주식보다 위험을 분산시키고 변동성을 낮출 수 있으며, 보다 적은 자본으로 포트폴리오를 구성할 수 있다.

ETF는 코스피200, KOSDAQ150에 같은 대표지수에 투자할 수도 있고, 은행/중공업/IT 등 내가 원하는 섹터에 투자할 수도 있다. 요즘은 더 다양해졌다. 투자의 트렌드가 바뀌면서 ETF로 투자할 수 있는 지역과 그 대상이 더 확대된 것이다. 글로벌 투자와 테마 투자가 그것이다. 글로벌 시장에 손쉽게 투자할 수 있고, 내가 투자하고 싶은 테마를 선택하고 투자하는 것도 용이해졌다.

수수료가 저렴하다

ETF의 장점으로서 한 번 더 강조하고 싶은 것이 투자 비용이다. 요즘은 운용사 간의 경쟁 심화로 낮은 보수로 상품을 출시하는 추세다. 이는 투자자에게는 좋은 소식이고, 이러한 기조는 지속되어야 한다고 생각한다.

아인슈타인은 인간의 가장 위대한 발명이자 세계 8번째 불가사의로 '복리'를 이야기했다. 장기투자는 투자수익을 재투자함으로써 복리 효과를 기대할 수 있다. 따라서 시간이 지날수록 수익률은 점점 커질 수 있다. 하지만 비용에 있어서도 복리 효과가 존재한다는 것을 간과해서는 안 된다.

투자수익률과 마찬가지로 투자에 필요한 보수와 같은 비용에 있어서도 복리의 마술은 적용된다. 투자기간이 길어질수록 보수와 같은 비용은 투자수익률에 점점 더 많은 영향을 끼치게 되는 것이다.

최근 저보수 추세로 인해 실제 S&P500 또는 나스닥100과 같은 해외투자를 하는 데 들어가는 비용은 투자 비용의 0.1% 수준밖에 들지 않는다. 100만 원을 투자한다고 가정하면, 발생하는 수수료가 천 원도 안 되는 셈이다.

그런데 거래의 편리성을 생각해보면, 미국시장에 투자하기 위해서 밤에 기다리지 않아도 되고, 그냥 한국거래소에 상장되어 있는 ETF를 사면 된다. 앞에서 말했듯이 저보수 추세는 투자자에게 분명히 좋은 것이다. 투자할 돈이 퇴직 시점에 찾아야 하는 연금 자산이라고 했을 때는 이것이 더욱 중요한 요소가 될 수 있다.

보수 이외에 하나 더 신경 써야 할 부분이 있다. 전문가들은 낮은 보수의 ETF를 찾는 것도 중요하지만, 매매를 잘하는 데 집중하라고 권고한다. 100만 원을 1년 거래하는 데 드는 비용이 천 원이면 하루 비용으로 환산하면 2.7원 정도 된다. 그런데 10,000원 이상의 ETF를 매매할 때 호가의 거래 단위는 5원이다. 원활한 유동성 공급으로 호가가 잘 형성되어 있는 ETF와 유동성 관리가 잘 되지 않는 ETF 사이의 거래 가격은 1틱(호가 단위), 즉 5원 이상 차이가 날 수도 있는 것이다. 그래서 매매를 잘해야 하고, 더 나아가서는 매매가 편안한(유동성 공급이 잘되는) ETF를 선택해야 한다.

거래의 투명성과 환금성이 뛰어나다

앞서 설명했듯 ETF의 거래는 매우 투명하다. ETF를 구성하고 있는 종목은 항상 공개되어 있다. 국내 주식형 EFT의 경우 ETF 현황을 보면 관련 개별 주식의 등락률까지 실시간으로 확인할 수 있다.

TIGER 퓨처모빌리티 ETF의 구성종목

종목명	현재가	전일대비		등락률	거래량	평가금액	비중	단위증권	코드	거래소
기아	89,100	▲	200	+0.22	835,999	9,204,706	8.62	103.54	000270	거래소
현대차	236,000		0	0.00	294,297	8,977,440	8.41	38.04	005380	거래소
삼성SDI	747,000	▲	25,000	+3.46	300,698	6,534,100	6.12	9.05	006400	거래소
현대위아	97,900	▼	400	-0.41	247,262	6,291,200	5.89	64.00	011210	거래소
LG전자	170,000	▲	3,000	+1.80	1,436,300	5,430,840	5.08	32.52	066570	거래소
SKC	154,500		0	0.00	88,829	5,266,905	4.93	34.09	011790	거래소
코오롱인더	79,600	▲	500	+0.63	188,676	5,179,468	4.85	65.48	120110	거래소
효성첨단소재	459,500	▲	11,500	+2.57	70,616	5,125,120	4.80	11.44	298050	거래소
에코프로비엠	214,100	▼	1,100	-0.51	104,432	4,897,952	4.59	22.76	247540	코스닥
현대모비스	283,000	▲	1,000	+0.35	142,969	3,361,440	3.15	11.92	012330	거래소
한온시스템	16,900	▲	100	+0.60	386,165	3,123,960	2.92	185.95	018880	거래소
현대글로비스	211,000		0	0.00	75,371	2,964,550	2.78	14.05	086280	거래소
현대오토에버	128,500	▼	4,000	-3.02	85,160	2,846,100	2.66	21.48	307950	거래소
만도	64,400	▼	300	-0.46	180,159	2,773,689	2.60	42.87	204320	거래소
두산퓨얼셀	50,400	▼	200	-0.40	336,366	2,739,990	2.57	54.15	336260	거래소
넥센타이어	9,990	▼	10	-0.10	317,087	2,600,700	2.43	260.07	002350	거래소
한화에어로스페이	54,200	▲	700	+1.31	1,024,129	2,299,430	2.15	42.98	012450	거래소
상아프론테크	47,450	▼	350	-0.73	34,169	2,048,708	1.92	42.86	089980	코스닥

▫ 단위증권수 단위는 구성종목에 따라 다릅니다. (주식 : 주, 선물 : 계약, 원
▫ 단위증권수 부호가 -인 경우 주식은 공매도, 선물은 매도포지션을 의미합니

위의 표는 TIGER 퓨처모빌리티 ETF의 ETF 현황이다. ETF의 운용 성과를 투자자가 HTS나 MTS를 통해 실시간으로 직접 확인할 수 있으며, 구성종목의 비중과 수익률 등도 쉽게 확인할 수 있다. 내가 보유

한 ETF의 투자 종목별 모니터링이 가능하고, ETF의 가격변동 요인에 대한 이해도를 높일 수 있는 것이다.

환금성이 뛰어나다는 것은 어떤 의미일까? ETF의 결제 주기는 주식과 같다. ETF를 매도하고, 이틀이 지나면 내 계좌에서 바로 출금을 할 수 있다.

과거 해외주식형 펀드를 매수 또는 매도할 때를 생각해보자. 오늘 급락하여 반등을 생각하고 펀드를 매수하려고 하면 기준가 적용일이라는 것이 있어 2일이나 3일 후의 가격으로 매수가 된다. 또 환매(매도)할 때는 3일이나 4일이 지난 시장을 반영해서 한참을 지나야 자금이 나오는 경우도 있다.

내가 매수와 매도를 하겠다는 투자를 판단했을 때와 실제 적용되는 기준일이 다르기 때문에 결과가 상이하게 나올 수 있다. 운이 좋아서 내 생각보다 나은 결과가 있으면 좋겠지만, 아닌 결과가 나올 때는 조금은 억울한 느낌이 들 수도 있다.

반면 ETF는 장중 매매가 가능하므로 환금성이 뛰어나고, 장중에 매매 시점을 투자자가 정할 수 있어서 실시간 가격으로 투자 및 매도 결과를 알 수 있다. 또한 펀드 투자와는 달리 환매 수수료가 발생하지 않기 때문에 단기투자 목적으로도 활용 가능하다. 그러나 실시간 거래가 가능하고 환금성이 뛰어나다는 점만을 보고 ETF를 단기적인 관점에서 잦은 매매 수단으로 사용한다면, ETF가 주는 가치보다는 비용이 더 커질 수 있다는 점에 주의해야 한다.

ETF의 장점

다양한 종류와 상품
하나의 ETF로
국가, 산업, 테마 등에 투자

높은 투명성
ETF 구성종목 및 규모
매일 확인 가능

장기투자에 **적합한 상품**
상대적인 **낮은 보수**와
주기적인 상품 내 **리밸런싱**

03

ETF에도
리스크는 있다

ETF에는 좋은 점만 있을까? 그렇지는 않다. ETF 역시 원금이 보장되지 않는 금융투자상품이다. 기본적으로 지수에 분산투자하기 때문에 개별 주식이 가지고 있는 위험은 줄일 수 있지만, 시장변동에 따른 지수하락 위험에는 그대로 노출된다. 그렇기 때문에 ETF가 가지고 있는 단점과 위험에 대해서도 알고 투자해야 한다.

제일 먼저 언급하고 싶은 것이 레버리지 ETF와 인버스2X ETF다. 레버리지ETF는 선물 등 파생상품에 투자해 지수보다 높은 수익을 추구하는 ETF이고, 인버스2X ETF는 추종 지수의 가격이 하락할 때 2배의 수익을 낼 수 있는 상품이다. 높은 수익을 노릴 수 있는 만큼 위험도 큰 것인데, 이런 ETF에 많은 사람이 투자하고 있다. 매일 ETF 매매동향을 보면, 레버리지와 인버스2X는 거래량, 거래대금에서 대부분 최상위에 있다. 오늘 시장이 하락하면 '내일은 오르겠지'라는 생각으로 레버리지를 매수하고, 오늘 시장이 상승하면 '내일은 떨어지겠지' 하면서 인버스나 인버스2X 를 매수한다. 단기투자의 관점에서 흔히 말하는 방향성 배팅을 하고 있는 것이다.

다음 표는 2020년 개인투자자가 1년간 가장 많이 매수한 10개의 ETF다. 그런데 10개 중에 4개가 레버리지와 인버스(2X)이다. 레버리지와 인버스 투자가 ETF 거래 총량의 많은 부분을 차지하고 있는 것이다. 아마 코로나 이후 지금까지 레버리지를 계속 들고 있었던 투자자는 많은 수익을 올렸을 것이다(현재 KOSPI 3,120P 기준). 그러나 인버스2X는 코로나 19 이후 12,815원 최고가를 경신한 다음 2021년 5월 말 현재는 2,000원 수준까지 내려와 있다. 약 1년 사이에 무려 85% 이상의 손해를 본 것이다.

안타깝게도 코로나 사태로 급락한 시기에 인버스2X에 투자했던 투자자는 현재 막심한 손해와 함께 비자발적 장기투자자가 되어 있을 것이다. 그리고 사실상 이를 회복하기란 쉽지가 않다. 손실을 만회하기 위해 반대 방향인 레버리지를 투자한다 하더라도, 현재 주가가 등락없이 300%, 3배 이상은 올라야 회복될 수 있는데, 한국 KOSPI 10,000P는 확언할 수 없지만 다소 먼 미래에나 가능할 것이기 때문이다. 레버리지 ETF 역시 마찬가지다. 언젠든지 인버스 ETF와 같은 결

개인투자자 연간 순매수 Top 10

NO	품목명	증감
1	KODEX 200선물인버스2X	35,852
2	KODEX 인버스	5,815
3	KODEX 코스닥150선물인버스	4,694
4	KODEX WTI원유선물(H)	3,568
5	TIGER 미국나스닥100	2,962
6	KODEX 미국FANG플러스(H)	1,945
7	KODEX 2차전지산업	1,362
8	TIGER 200선물인버스2X	1,127
9	TIGER 2차전지테마	955
10	TIGER KRX2차전지K-뉴딜	949
	소계	59,229

출처: 미래에셋자산운용, 2020.12.31 기준

레버리지(인버스2X) ETF 시장 건전화 방안

구분	내용	시행
기본 예탁금제도	기본 예탁금 1,000만 원, 신용거래 대상 제외. 위탁증거금 100% 징수	2021년 1월 4일 이후 기존 투자자 확대
사전교육 의무화	사전 온라인 교육 이수 의무화 (상품개요, 특성, 거래방법, 위험성 등)	

과를 가져올 수 있다.

그래서 이런 ETF는 원유ETF/ETN과 함께 사회적 이슈로 부각되었고, 금융위원회는 'ETP 건전화 방안'이라는 투자자보호제도까지 만들었다. 2021년부터 레버리지/인버스2X를 매매하기 위해서는 기본 예탁금 1,000만 원을 내고 사전교육을 받도록 한 것이다. 미국 ETF 시장에서도 BlackRock, Vanguard, State Street 등 대형 운용사가 미국 SEC(증권거래위원회)에 상품에 대한 재정의를 요청했다. 레버리지/인버스2X는 ETF와 같은 펀드가 아닌 투기수단(ETI, Exchange Traded Instrument)으로 분류해달라고 한 것이다.

왜 레버리지/인버스2X ETF 상품은 이런 위험을 가지고 있는 것일까? 레버리지와 인버스2X는 당일만 해당하는 일간변동성만 반영해주는 상품이기 때문이다. 이에 대해서는 본 책 후반에 자세히 다루기로 하겠다.

그 밖에도 ETF에는 여러 가지 투자위험이 있다.

가격괴리 위험이 있다

기본적으로 ETF의 가격은 ETF의 순자산가치(NAV)에 최대한 근접해 있는 것이 바람직하다. 가격괴리 위험은 ETF의 적정가격보다 비싸게 사거나 싸게 파는 위험을 말한다. ETF(ETN)는 기본적으로 LP라고 하는 유동성 공급자가 존재하기 때문에 거래가 불가능한 경우는 많지 않다. 하지만 유동성 공급자(보통 증권회사)가 손해를 보면서까지 유동성을 제공하지는 않는다. 이에 LP가 제공하는 호가를 보면, 보통 적정가격이라 할 수 있는 NAV보다 높은 가격에 매도호가를, NAV보다 낮은 가격에 매수호가를 제시한다. 이런 것을 '스프레드'라고 표현하는데, 가끔은 상품에 따라 매도/매수 호가의 스프레드가 확대되어 있는 경우도 볼 수 있다.

ETF의 경우, 신속한 추가공급이 지연되어 가격괴리 위험이 발생하는 경우도 있다. 2020년 원유 ETN 사건이 대표적인 예다. ETN은 최초 발행된 증권을 가지고 발행한 증권사가 유동성 공급을 한다. 해당 상품이 인기가 있어서 유동성 공급 목적으로 보유한 증권을 다 사용하게 되면, 새롭게 증권을 발행해야 한다. 그러나 원유가 급락하면서 원유 ETN에 많은 투자자가 몰렸다.

이때 증권을 추가 발행을 해야 하는데, 소요시간이 2주 이상 걸리기 때문에 당시 3,000원 정도가 적정가격이었던 ETN이 6,000원 이상에서 거래되기도 했다. 유동성 공급자 없이 매수자와 매도자 간에 이상 가격이 형성되었던 것인데, 만약 가격 괴리 위험에 대해 알고 있었다면, 당시와 같은 일은 벌어지지 않았을 것이다. 물론 지금은 증권발행 소요시간을 줄여서 이와 같은 일이 없도록 제도적으로 많이 개선되었다.

ETF의 경우는 복수의 LP(유동성 공급자)가 있어 설정이라는 것을 통해 증권수를 증가시킬 수 있기 때문에 ETN처럼 추가상장에서 오는 시간적 위험은 상대적으로 적다.

추적오차율이 발생할 수 있다

ETF는 지수를 추적하도록 만들어진 상품이다. 지수와 순자산가치 간의 수익률의 차이를 추적오차율이라고 하는데 추적오차율이 낮을 수록 운용사의 운용능력이 우수하다고 할 수 있다.

추적오차율이 발생하는 이유는 지수 구성내역과 실제 ETF 포트폴리오간의 차이, 보수율 및 거래 비용 등이 있기 때문이다. 특히 코스피200 ETF와 같이 지수 구성종목이 많은 ETF의 경우 집합투자업자가 ETF를 운용할 때 지수를 구성하는 종목을 다 편입하지 않고 부분적으로 편입해 운용하는 경우가 있다. 예를 들어 코스피200 중 시가총액 상위 120~130종목만 편입해 운영할 수 있다.

이와 같은 기법을 '부분복제법'이라고 하는데, 전체를 편입하는 완전복제법보다 거래비용을 절감할 수 있어서 구성종목 수가 비교적 큰 지수를 추적하는 ETF 또는 인덱스펀드를 운용할 때 많이 활용된다. 하지만 편입되지 않는 종목이 급등락하는 경우 바로 추적오차율이 커질 수 있다는 약점도 있다.

그 외에도 운용보수 등 보수율, 운용자산 편입종목의 현금배당금 수령, 종목 교체를 위한 거래비용, 분배금 지급 등이 발생하기도 한다. 지수는 이와 같은 현금성 수익 또는 비용을 고려하지 않고 산출되기 때문에 차이가 나는 것이다. 최근에는 운용사가 ETF에 편입된 개별종목을 빌려주고(대차) 수익을 내는 경우도 있어, 이 또한 양의 방향으로 발생하는 추적오차율의 원인이 된다.

같은 종목이라도 위에서 말한 부분복제를 쓰는지, 아니면 완전복제를 쓰는지 등은 PDF의 기초 정보를 비교해서 확인이 가능하다.

해외 ETF는 환율 변동 위험이 있다

투자자들은 자신이 투자한 기초지수가 오르면 당연히 투자수익률이 좋을 것이라고 생각한다. 이 말은 반은 맞고, 반은 틀렸다. 국내에서 해외 자산에 투자할 경우는 환율변동 위험에 노출이 되기 때문이다. 해외 ETF 중 환노출형 ETF에 투자했을 경우에는 기초지수의 수익률이 상승하더라도 원화가치가 상승(환율하락)해버리면 기초지수의 수익률보다 못한 성과를 얻게 되는 경우도 있다. 이러한 위험을 환율변동 위험이라고 하는데 많은 투자자들이 종종 혼란을 겪는 부분이기도 하다. 따라서 환노출형 ETF에 투자할 때는 반드시 환율 변동에 따른 위험에 노출되어 있음을 인지해야 한다.

보통 환율변동 위험을 피하려는 조치를 환헤지(Currency Hedge)라고 하는데, 해외에 투자하는 ETF는 환헤지를 하는 환헤지형과 그렇지 않은 환노출형으로 나눌 수 있다. 환헤지형 ETF에 투자하게 되면 ETF 자체적으로 환헤지를 알아서 해주기 때문에 환율변동 위험을 손쉽게 피할 수 있으나, 환노출형 ETF에 투자한 경우에 환율변동 위험에 대한 부담을 가지고 투자해야 한다.

그렇다고 해서 환헤지가 반드시 좋기만 한 것은 아니다. 환헤지 효과는 동전의 양면과 같아서 장점이 있는 반면, 이에 상응하는 단점도 갖고있다. 원화의 가치가 떨어지는 환율상승(예를 들어, 1$ = 1,000원 → 1,100원)이 있는 경우 원화로 환산한 외화자산의 가치가 상대적으로 올라가기 때문에 ETF의 수익률이 높아져야 하지만, 환헤지는 이러한 환율변동에 따른 이익을 상쇄해버림으로써, 결과적으로 환율변동에 따라 ETF의 가치가 올라갈 수 있는 기회를 포기하게 되는 경우도 있다.

또한 국내보다 금리가 높은 국가의 통화를 대상으로 환헤지를 할 경우에는 이론적으로 당해 금리차이만큼 손실이 발생할 수 있으며, 이는 ETF의 수익률에 부정적인 영향을 미치는 요소이기도 하다. 추가로 환헤지를 하게 되면 국가 간 금리 차이로 인한 손익을 제외하고도 중개인과 거래를 할 때 발생하는 거래수수료 등 비용이 발생할 수 있으며, 이는 ETF 수익률에 부정적인 영향을 미치는 요소가 되기도 한다.

우리나라에서는 ETF의 명칭에 다양한 정보를 반영하고 있어서 환헤지 여부도 ETF의 명칭만으로 쉽게 파악할 수 있는데, ETF의 명칭 끝에 (H)라고 표시되어 있는 ETF는 환헤지형 ETF이고, 표시가 없는 ETF는 환노출형 ETF를 의미한다.

ETF도 상장폐지될 수 있다

ETF는 거래소 상장을 전제로 만들어진 펀드이기 때문에 만일 어떠한 이유로 상장폐지가 된다면 ETF도 해지하게 되며, 더 이상 투자가 불가능해진다.

상장폐지 사유에는 여러가지의 경우가 있으나, 통상 상장 1년이 경과한 ETF 중 해당 반기 말 현재 자본금 또는 신탁원본액이 50억 원 미만이거나 반기의 일평균 거래대금이 500만 원 미만에 해당하는 소규모 유동성이 적은 ETF는 관리종목으로 지정된다. 지정일이 속한 반기말을 기준으로 관리종목 지정사유가 해소된 경우에는 관리종목 지정이 해제되나, 다음 반기 말에도 해당 사유가 계속되는 경우에는 상장폐지된다.

일반 주식은 상장폐지가 결정되면 가격이 급락하고 정리매매를 통한 손실 등이 생기지만 ETF는 그렇지는 않다. ETF의 상장폐지는 해당 ETF가 투자하고 있는 기초자산의 거래와는 무관하기 때문에 ETF의 순자산가치에는 영향을 미치지 않는다. 즉 상장폐지가 예정되어 있다고 하더라도 실제로 상장폐지가 되는 날까지 정상적으로 거래할 수 있으며, 유동성공급자(LP) 역시 마지막까지 정상적인 역할을 수행함으로써 원활한 거래를 뒷받침한다.

또한 상장폐지가 되더라도 ETF의 재산은 신탁업자에 의해 안전하게 보관되어 있기 때문에 상장폐지와 무관하게 ETF는 이를 현금화해서

구분	요건명	규제내용	LP교체	상장폐지
ETF 상장폐지 규제				
상장폐지	스프레드 비율	호가 스프레드 2%(해외 3%) 초과 시 5분 이내에 100좌 이상 호가를 제출하지 않은 시간이 1시간을 초과한 일자	분기 20일 이상	1개월 내 LP 미교체 시
	괴리율	(ETF 종가 – 순자산가치) / 순자산가치가 3%를 초과한 일자	분기 20일 이상	1개월 내 LP 미교체 시
	자본금 또는 신탁원본액	해당 반기 말 자본금 또는 신탁원본액에 50억 원 미만	–	다음 반기 말에도 해당사유 계속 시
	LP 수	유동성공급 계약을 체결한 LP 수	–	1사 미만
	유동성 공급계약	LP 교체 기준에 해당하는 경우	–	사유발생 1월 이내에 계약 미체결
	기타	공일과 투자자보호	–	필요하다고 거래소가 인정하는 경우
	추적오차율 (상관계수)	ETF의 1좌당 순자산가치의 일간변동률과 ETF의 기초자수의 일간변동률의 상관계수가 0.9 미만이 되어 3개월간 지속되는 경우	–	3개월간 지속되는 경우
	목표지수	상장지수집합투자기구가 목표로 하는 지수의 산정 또는 이용	–	이용할 수 없게 되는 경우
합성 ETF 상장폐지 기준	인가취소	거래상대방의 장외파생상품 투자매매업 인가 취소 또는 공신력 있는 금융회사 지위를 상실한 경우	–	요건에 대항 시
	신용등급 미달	거래상대방의 신용등급이 투자적격 등급에 미달하는 경우	–	
	NCR 미달	거래상대방의 영업용 순자본(NCR)이 총위첨액의 2배에 미달하는 상태가 3개월간 계속되는 경우	–	
	부도	거래상대방이 감사의견 부적정, 의견거절, 영의중단, 부도 등에 해당하는 경우	–	
	기타	장외파생상품 계약이 만기일 전에 종료되거나 만기가 도래한 경우, 그에 상응하는 계약이 없는 경우	–	

ETF 청산 시 투자자에게 그대로 지급한다. 그럼에도 불구하고, 손실을 보고 있는 상태에서 상장폐지가 되면 해당 ETF로는 회복할 수 있는 기회가 없어지므로 사실상 손실이 확정되는 측면이 있고, 해지대금을 다시 투자해야 할 마땅한 투자처가 없는 경우에는 자금을 놀리게 되므로 상장폐지가 예상될 때는 이를 잘 대비할 필요가 있다.

현명한 투자자의 ETF 사용법

예전과는 다르게 우리는 많은 투자 정보를 가지고 있다. 유튜브에 해당 종목만 검색해봐도 많은 정보가 존재하고 수많은 SNS 인플로언서가 정보를 제공한다. 물론 정보가 많은 만큼 선별적인 접근이 필요하다. 특정 정보를 맹신해서도 안 되고, 다양한 방법으로 검증하고 확인해야 한다.

다행히 스마트한 투자자가 늘고 있다. 대표적으로 연금계좌에서 ETF에 투자하는 사람이 늘고 있는 것을 볼 수 있다. 예전에는 퇴직연금은 원리금 보장 상품에 많이 가입했는데 이제 연금계좌에서 ETF에 투자하는 사람이 많다. 연금계좌라고 하면 보통 개인연금과 퇴직연금(IRP 포함) 계좌를 말한다. 연금에 대해서는 4부에서 자세히 다루겠다.

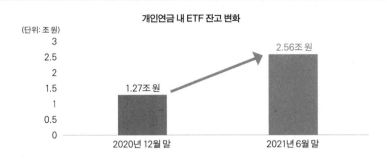

개인연금 내 ETF 잔고 변화

(단위: 조 원)

1.27조 원 (2020년 12월 말) → 2.56조 원 (2021년 6월 말)

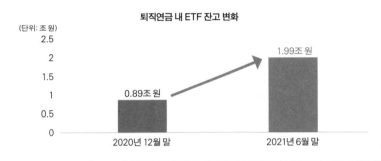

퇴직연금 내 ETF 잔고 변화

(단위: 조 원)

0.89조 원 (2020년 12월 말) → 1.99조 원 (2021년 6월 말)

2019년 개인연금과 퇴직연금은 4,900억 원 수준에 불과했다. 이는 주요 증권사 7개 사를 합계한 수치인데, 그 이하는 거의 제로에 가까웠기 때문에 수치를 충분히 설명할 수 있다. 연금에서의 ETF는 1년이 지난 2020년 말에는 1.7조 원 증가해 2.2조 원까지 성장했으며, 2021년에는 6개월 만에 109%의 성장을 보이며 4.6조 원 수준에 이르렀다. 2020년부터 큰 변화가 시작되었다는 생각이 든다.

개인 순매수를 보면 많은 사람이 연금계좌에서 매수했다는 것을 알

수 있다. 연금은 노후 자금 마련 목적인 대표적인 장기투자 자산이다. 그렇다면 장기적 성장 가능성이 높은 미래 혁신 테마 ETF에 투자하는 것이 더 이롭지 않겠는가.

혁신 테마 ETF를 선택하는 투자자들

혁신 테마 ETF로 주목받는 것 중 하나가 차이나 전기차/바이오다. 시진핑 주석이 직접 '탄소 중립'을 선언하고, 다양한 신에너지 차량 산업 육성 정책을 시행하고 있는 만큼, 차이나 전기차 테마는 여전히 힘을 가지고 있는 테마다.(중국에서는 하이브리드 전기차, 순수 전기차를 신에너지 차라고 부른다.) 2021년 4월 기준 신에너지 차량 신규 판매량 비중이 전체 차량 판매량의 9% 수준인데, 이 판매량 비중을 2025년까지 20% 달성하겠다는 목표를 중국 정부 차원에서 제시했다. 또한 글로벌 자동차 기업들(벤츠, 아우디, 현대차 등)이 상하이 모터쇼에서 신규 전기차 모델을 빠르게 공개하고 있다.

2021년 세계 배터리 산업 시장 점유율 중 CATL이 32.5%, LG에너지솔루션이 21.5%, 파나소닉이 14.7%, BYD가 6.9%, 삼성SDI가 5.4%, SK이노베이션이 5.1%를 차지하고 있다(출처: SNE 리서치). 중국에서 판매되는 전기차에는 대부분 중국산 배터리가 탑재되며 글로벌 자동차 기업들은 중국산 배터리 탑재를 통해 가격 경쟁력을 제고하고 있다. 아우디의 경우, etron에 현재 LG 배터리를 탑재하지만 2022년부터는 중국산 etron에는 catl의 배터리를 탑재하고 가격을 약 50만 위안(약 8천만~9천만 원) 수준으로 인하해 출시할 것을 발표한 바 있다.

또한 중국 정부는 신약 심사 기간 단축, 고 부가가치 특허 약품에 대한 정부 보험 커버리지 확대 등 국가 차원에서 자국 바이오테크 산업에 대해 적극적으로 지원책을 펼치고 있는 중이다. 중국 정부는 제약/바이오 산업을 경제 성장 동력 중 하나로 삼고 선진화하려는 노력을 하고 있다. 대표적인 예로, 의약품의 허가 기간을 단축시킴으로써 바이오테크업계가 신약을 개발할 유인을 제공하고 있으며, 의약품 허가 검토 기간 2015년에 비해 3분의 1가량 단축해서 우선심사의 경우 약 9개월 정도의 시간 밖에는 걸리지 않는다. 또한 고부가가치 특허 약품에 대한 정부의 보험 커버리지 확대하고 있다.

이처럼 적극적으로 지원하는 이유는 뭘까? 고령화 속도가 예상보다 빠른 점이 첫 번째 이유다. 최근 7차 인구 통계를 발표에 따르면 60세 이상 노인 인구가 약 2.6억 명으로 전체 인구 중의 18.7%를 차지한다고 한다. 불과 10년 전에는 전체 인구의 13.3% 수준이었던 점을 참고해본다면 고령화 속도가 굉장히 빨라지고 있다. 65세 이상 노인 인구는 1억 9천만 명에 이른다. 이처럼 빠른 고령화 추세로 중국의 실버 경제가 발전하고 있으며, 중국 바이오테크 테마는 고령화 증가에 따라 수혜가 기대되는 산업이므로, 차이나 전기차와 함께 중국 성장 테마로 주목받고 있다.

투자자들은 이미 발빠르게 움직이고 있다. 2020년 말에 상장된 차이나전기차 ETF와 차이나바이오텍 ETF는 1조 원 넘는 개인투자자 순매수가 있었다. 1만 원으로 상장된 2개의 ETF 가격은 21년 6월 현재 16,000원, 13,000원 수준에 있다. 6개월이 지난 시점에서 수익률이 60%, 30%가 된 것이다. 더 고무적인 것은 두 ETF 개인투자자 순매수의 50% 이상이 일반 주식거래 계좌가 아닌 개인연금이나 퇴직연금 계좌에서 유입되었다는 것이다.

이미 투자자는 현명하다

연금계좌에서 ETF에 투자하는 가장 큰 이유는 과세 혜택을 받을 수 있기 때문이다. 먼저 ETF의 과세 체계부터 살펴보자. ETF에서 발생하는 수익은 크게 분배금하고 매매차익으로 나뉜다. 분배금은 ETF가 보유한 자산에서 발생한 주식 배당금, 채권 이자, 이런 것들을 투자자에게 다시금 배분하는 것을 의미한다. 분배금에 대해 15.4%의 배당소득세가 부과되는데, 분배금을 수령할 때 배당소득세를 원천 징수하고 남은 금액만 받게 된다.

매매차익은 말 그대로 매매에 따른 이익이다. 현재 국내주식형 ETF는 매매차익이 발생해도 세금을 내지 않아도 되지만, 다른 ETF들은 15.4%의 배당소득세를 내야 한다. 투자 금액이 커서 이익이 많이 나면 금융소득종합과세도 신경 써야 한다. ETF에서 얻은 배당소득을 포함해 투자자가 한 해 동안 얻은 이자와 배당 소득이 2,000만 원을 초과하면, 초과 소득을 다른 소득과 합산해 과세하는 제도다. 결국 다른 소득이 많은 사람은 그만큼 세금 부담이 커진다.

일반 계좌에서 분배금을 받거나 매도를 하면 세금을 내지만, 연금에서는 계좌에서 인출하기 전까지는 과세를 하지 않는다. 그리고 이건 연금 ETF뿐 아니라 연금으로 펀드 투자할 때도 같이 적용된다. 매년 세액공제도 기대할 수 있다. 총 급여가 5,500만 원 이하면 저축금액의 16.5%, 그보다 총 급여가 많으면 13.2%를 공제한다. 세액공제 한도는 연금저축(개인연금)과 IRP 그리고 DC형 퇴직연금 추가 납입금을 다 합쳐서 연간 700만 원이다. 연금저축(개인연금)에만 납입하면 세액공제 한도가 연 400만 원이며, 고소득자, 즉 종합소득 1억 원, 총 급여 1.2억 원을 초과하는 경우에는 연 300만 원 한도다.

물론 나중에 연금을 수령할 때 세금을 내기는 한다. 그런데 세액공제 받은 원금과 운용수익에 대해서 3.3~5.5%의 연금소득세만 내면 되기 때문에 15.4%의 배당소득세에 비해 훨씬 낮은 수준이다.

이처럼 현명한 투자자들은 이미 장기 성장 테마를 연금계좌에서 세제 혜택을 받으면서 투자하고 있다. 더구나 연금 계좌는 IRP를 제외하면 대부분 적립식으로 투자한다. '개별 주식의 위험을 헤지하고 장기 성장성이 있는 ETF에 세제 혜택을 받으면서 투자한다'는 것이야말로 워런 버핏이 말한 모든 원칙을 지키며 투자하고 있는 것이 아닐까? 아

국내 상장 ETF 과세방법		
구분	국내주식형 ETF	기타 ETF
ETF 매도시	과세제외	배당소득세(15.4%)
분배금 수령시	배당소득세(15.4%)	

쉬운 것은 이런 사실을 아직도 모르는 투자자가 더 많다는 사실이다. 여러 루트를 통해서 얻은 정보를 확인하고, 이에 대한 투자 판단과 실행 방법을 습득했다면 실행에 옮기자. 그러면 여러분도 현명한 투자자다.

적립식 ETF 투자를 하고 싶다면

'적립식' 투자를 하는 데는 다양한 이유가 있겠지만, 이런 사람이 많다. 해당 종목이 유망하다고 보지만 매번 직접 매수하려고 하면 매수 타이밍도 조금씩 고민되고 잊어버리는 경우도 있기 때문 적립식 투자를 선호하는 것이다. 이런 경우 일부 증권사에서는 적립식으로 ETF를 자동매수해주는 서비스 제공하기도 하니, 이를 이용하는 것도 방법이다. 다만 이런 서비스는 전종목 대상으로 하고 있지는 않으며, 선택할 수 있는 종목이 한정적이므로 확인이 필요하다.

PART 2

투자하기 전
반드시 알아야 할
ETF 개념 완전 정복!

01

종목명에 이미
모든 정보가 담겨 있다

'삼성전자', '네이버'처럼 간결한 종목명에 익숙한 투자자들은 ETF의 긴 이름이 어색할지도 모르겠다. 긴 종목명만큼 장벽이 쌓이는 것만 같지만, 사실은 종목명이 내가 투자하려고 하는 ETF의 모든 것을 알려주는 핵심 요약집이다. 운용사, 투자대상, 투자 방법, 분배금 등 ETF 투자에 있어 중요한 정보들을 9할 이상 담고 있기 때문이다.

'TIGER 미국 S&P500 PR 레버리지 (합성 H)'를 예로 들어보자. 이 길고 어려워 보이는 이름에서 우리는 많은 정보를 얻을 수 있다.

TIGER	미국 S&P500	PR	레버리지	(합성 H)
브랜드	기초지수	분배여부	추적배수	합성/현물 환헤지

ETF 명칭을 하나씩 살펴보면 아래와 같은 많은 정보를 얻을 수 있다.

- TIGER라는 미래에셋자산운용에서 운용하는 상품으로(운용사 브랜드 명칭)
- 미국 S&P500 지수 수익률을 추종하며(투자 지역 & 기초 지수)
  ※ S&P500 지수는 시가총액의 규모, 유동성, 산업그룹 내의 대표성 등을 반영하여 선정된 500개의 주식으로 미국 시장의 대표적인 지수.
- ETF에서 배당을 할 경우 배당금을 투자자에게 분배하고(분배 여부)
  ※ 대부분의 ETF의 경우, 분배금을 지급하는 PR이어서 PR은 생략 표기되며, 분배금을 지급하지 않고 재투자하는 경우만 TR(Total Return)으로 상품명에 기재.
- 추종하는 기초지수의 일일 수익률을 2배(레버리지)로 추적하는 ETF이고 (추적 배수)
- 해당 ETF는 실물 자산에 직접 투자하는 것이 아니라 증권사에 운용을 맡기고 해당 수익률을 제공받는 형식의 합성 ETF며(합성/현물)
- 해당 ETF가 해외에 투자하는 ETF인 만큼 투자 시 환헤지를 하는 ETF다.(환헤지)

이처럼 ETF는 이름만 유심히 보아도, ETF에 대한 핵심 정보를 직관적으로 알 수 있다. 아직 어렵게 느껴진다면 아직은 조금 낯선 용어들 때문일 것이다. ETF 투자에 필요한 기본 용어와 개념만 알아두면 ETF 종목명이 핵심 요약집과 같다는 것을 실감할 것이다. 그럼 종목명에 담긴 항목들에 관해 좀 더 자세히 알아보자.

운용사별 ETF 브랜드

마치 '신라면'이라는 브랜드는 '농심'이라는 회사에서 만드는 라면인 것처럼 운용사마다 고유의 ETF 브랜드를 가지고 있다. 현재 국내 상장된 ETF를 운용하고 있는 운용사는 현재 16개사다(2021년 8월 말 기준, 출처: 〈ETF-ETN Monthly〉 2021년 9월호, 한국거래소). 다음 표를 기억해두면 향후 ETF를 접했을 때 어느 운용사의 상품인지 알아볼 수 있다.

자산운용사별 ETF 브랜드명	
운용사명	브랜드명
삼성자산운용	KODEX
미래에셋자산운용	TIGER
케이비자산운용	KBSTAR
한국투자신탁운용	KINDEX, 네비게이터
키움투자자산운용	KOSEF
엔에이치아문디자산운용	HANARO
한화자산운용	ARIRANG
신한자산운용	SOL
교보악사자산운용	파워
브이아이자산운용	FOCUS

운용사명	브랜드명
유리자산운용	TREX
디비자산운용	마이티
하나UBS자산운용	KTOP
마이다스에셋	마이다스
흥국자산운용	HK
타임폴리오자산운용	TIMEFOLIO

출처: 한국거래소, 각 운용사 홈페이지

기초지수와 비교지수

우리가 연간목표를 세우고, 연말에 내가 목표와 비교해보면서 잘 지켰는지 확인해보는 것처럼 ETF도 운용 능력을 확인해보려면 각자의 목표를 얼마나 잘 지켰는지 확인할 수 있는 기준점이 필요하다.

그 기준점은 일반 패시브 ETF의 경우 기준점이 기초지수고, 액티브 ETF의 경우에는 비교지수다. 패시브 ETF와 액티브 ETF는 각각의 목표가 다르기 때문이다.

기초지수는 ETF가 추종하고자 하는 지수를 말한다. 코스피200, KOSDAQ150, S&P500, CSI300 등의 지수들이 이에 해당한다. 패시브 ETF의 경우, 지수를 최대한 잘 추종하는 것이 주된 목표이기 때문에, ETF에 투자하면 기초지수에 투자하는 것과 유사한 성과가 난다. 즉 기초지수의 수익률과 ETF 수익률을 비교해봄으로써 ETF 성과를 파악할 수 있다.

액티브 ETF는 단순히 특정 지수를 잘 추종하는 것을 넘어, 시장 초과 수익(α)를 추구하는 것이 목표인데, 그렇기에 액티브 ETF 성과에서는 기초지수 대신 비교지수(Bench Mark)라는 용어를 사용한다. 단순 지수 추종이 아닌 매니저의 운용 철학에 따라 편입/편출 종목과 매매 시점을 결정하기 때문에 ETF의 성과가 비교지수 성과보다 우수해야 운용을 잘한다고 볼 수 있다.

실물형 ETF와 합성형 ETF

ETF를 직접 운용하는지, 간접적으로 운용하는지에 따라 실물형 ETF와 합성형 ETF로 나뉜다. TIGER 코스피, TIGER 미국 S&P500 등 흔히 우리가 떠올리는 ETF 대부분은 실물형 ETF에 해당하는데, 운용사가 주식, 채권 등을 직접 실물자산을 편입해 운용하는 ETF를 의미한다. 따라서 실물형 ETF의 PDF(비중)을 보면, 네이버, SK텔레콤, 국채, 회사채 등 실물자산을 보유하고 있는 것을 확인할 수 있다.

반면 합성 ETF는 실물 자산을 보유하지 않고, 간접적으로 운용하는 ETF다. 합성형 ETF는 운용사가 ETF를 운용할 때 실물을 편입하는 대신, 증권사와 해당 기초지수의 수익률 등락만큼 정산해달라는 계약을 맺는다.

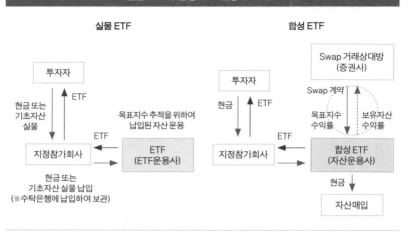

실물 ETF와 합성 ETF 운용구조 비교

실물 ETF

합성 ETF

투자자

현금 또는
기초자산
실물 ETF

목표지수 추적을 위하여
납입된 자산운용

지정참가회사 ETF
(ETF운용사)

현금 또는
기초자산 실물 납입
(※수탁은행에 납입하여 보관)

투자자

현금 ETF

지정참가회사 ETF

Swap 거래상대방
(증권사)

Swap 계약

목표지수
수익률 보유자산
수익률

합성 ETF
(자산운용사)

현금

자산매입

합성형 ETF는 2가지 장점이 있는데, 첫 번째는 기초지수를 보다 정확하게 추종할 수 있다는 점이다. 합성형 ETF는 기초지수 수익률만큼의 수익률을 돌려받기로 증권사와 계약을 한 만큼, 기초지수를 더 잘 추종할 수 있다. 이는 시차, 비용, 복잡한 구조 때문에 직접투자가 어려운 해외 시장을 기초자산으로 한 ETF에 많이 활용되어왔다.

두 번째 장점은 다양한 ETF 개발이 가능해졌다는 점이다. 앞서 언급한 해외 시장 투자뿐만 아니라, 선물, 원자재 등을 편입해야 하는 ETF의 경우 직접 실물을 투자하게 되면 여러 가지 어려운 점이 있는데, 합성형 ETF는 이런 점을 보완해주는 역할을 하기 때문이다.

패시브 ETF와 액티브 ETF

패시브 ETF는 설정한 ETF에 맞는 기초지수를 추종하는 ETF이고, 액티브 ETF는 시장 상황에 따라 운용 매니저 판단하에 종목 편입/편출을 결정하여, 지수 대비 초과 수익을 추구하는 ETF다.

2021년 ETF 시장을 잘 표현하는 키워드를 뽑으라면 ESG, 테마, 연금 등 다양한 키워드가 언급되겠지만, '액티브 ETF'를 빼고는 최근의 ETF 시장을 논할 수 없다. '돈나무'라는 애칭까지 얻었던 미국 ARKK ETF를 통해 많은 투자가가 액티브 ETF라는 개념을 접했을 것이다. ETF 시장이 발달한 미국의 경우, 신규 상장되는 ETF의 대다수가 액티브 ETF라고 해도 과언이 아닐만큼 액티브 ETF 성장세가 가파르다. ETF 시장의 3.0세대 ETF는 무엇인지 알아보자.

기존에 출시된 ETF들은 대부분이 패시브 ETF였다. 패시브 ETF는 '수동적인'이라는 Passive 단어의 뜻처럼 특정 목표(기초 지수)를 설정하고, 후에 그 목표를 그대로 잘 추종하는 ETF를 뜻한다.

반면, 액티브 ETF는 명칭에서 직관적으로 알 수 있듯, 말그대로 액티브(Active)하게 운용역이 ETF를 운용한다는 것이다. ETF 운용역이 시장 상황에 따라 ETF내 종목 선정과 매매 타이밍을 자유롭게 결정할 수 있고, 이를 통해 지수보다 높은 수익률을 추구한다.

대표적인 패시브 ETF인 TIGER200 ETF를 예로 들어보자. TIGER 200의 코스피200이 기초지수다. 즉, 코스피200 지수를 최대한 잘 추

종하는 게 목표다.

TIGER200의 PDF를 살펴보면, 삼성전자 29%, SK하이닉스 5%, NAVER 4%, 카카오 4% 삼성SDI 3% 등으로 구성되어 있는데, 이는 코스피200 지수의 종목과 비중이 거의 일치한다(2021. 07. 21 종가 기준). 즉, 코스피200이 오늘 하루 1% 오르면, TIGER200도 오늘 하루 1% 오르도록 지수를 잘 추종해야 한다.

액티브 ETF도 자세히 살펴보자. TIGER 퓨처모빌리티액티브 ETF는 전기·수소차는 물론 자율주행, 플라잉카에서 우주항공까지 모빌리티의 혁신을 선도하는 국내 기업에 투자하는 ETF다. 이 액티브 ETF의 비교지수는 'FnGuide 퓨처모빌리티 지수'다. 하지만 PDF와 지수를 비교해보면, 패시브 ETF와 달리 지수와 PDF의 보유종목과 그 비중이 일치하지 않는다.

액티브 ETF는 벤치마크(비교지수) 대비 '초과성과'를 내는 것을 목표로 하기 때문이다. 따라서 단순 지수 추종이 아닌 펀드 매니저의 재량으로 투자 종목과 매매 시점이 결정된다. 액티브 ETF는 기존의 액티브 펀드의 장점은 그대로 가져오되, ETF로서의 장점인 매매의 편리성, 환금성, 투명성이 결합된 상품이다.

02

반도체 ETF에는
삼성전자가 없다?

앞서 ETF의 투명성을 언급하면서 구성종목, 즉 PDF를 얘기했었다. PDF(Portfolio Deposit File)는 포트폴리오를 구성하고 있는 종목을 담은 '자산구성내역'이므로, 특정 ETF가 어떤 종목들을 보유하고 있고 그 비중이 얼마나 되는지 볼 수 있다. '기초자산을 따라가니까 큰 콘셉트만 이해하면 되는 것 아닌가, 꼭 PDF를 귀찮게 알아야 하나?'라고 생각할 수도 있지만, 더 잘 투자하기 위해서는 PDF를 꼭 봐야 한다.

우리나라 반도체 ETF라고 했을 때 어느 기업이 떠오르는가? 대부분 국내 1위 반도체 기업인 삼성전자를 떠올릴 것이다. 그런데 대부분의 반도체 ETF는 반도체의 대표주자 '삼성전자'나 'SK하이닉스'를 포함하고 있지 않은 경우가 대다수다.(국내 상장된 반도체 ETF 중 삼성전자와 SK하이닉스를 모두 편입하고 있는 ETF는 2021년 8월 10일 TIGER Fn반도체 TOP10 ETF가 유일하다.) 대표적인 반도체 지수는 'KRX반도체 지수'인데, 운용사에 무관하게 이를 기초지수로 삼고 있는 반도체 ETF는 '삼성전자'가 포함되지 않는다. 이는 KRX 반도체 지수에 삼성전자를 편입하고 있지 않기 때문이다. 2020년 기준 반도체가 삼성전자 매출에서 차지하는 비중은 약 30% 정도다. 따라서 한국거래소에서는 삼성전자를 KRX 반도체 지수에 포함시키지 않고, KRX 정보기술(하드웨어 및 IT장비)로 분류하고 있다. 이런 오해를 줄이려면 PDF를 확인해야 하는 것이다.

투자할 때 PDF를 확인하는 건 이제 선택이 아니라 필수다. 그렇다면 ETF의 PDF는 어디서 확인할 수 있을까? 각 운용사 홈페이지나 한국거래소에서 확인 가능하다. 본인이 투자하고 있는 ETF의 운용사 홈페이지에 들어가서, 상품명을 검색 후 PDF를 조회하면 일자별로 확인할 수 있다.

HTS와 MTS를 활용하는 방법도 있다. HTS의 경우, ETF/ETN 메뉴에 보면 ETF '(PDF)현황'이 있는데, 해당 화면을 클릭해서 종목을 검색하면 운용사에 들어가서 확인하는 것과 동일한 정보를 확인할 수 있다.

다음은 TIGER 글로벌자율주행&전기차 SOLACTIVE ETF의 현황

ETF 현황 페이지

페이지다. 해당 화면에서 보유종목명은 물론, ETF 내 보유 종목별 비중도 확인 가능하다.

PDF에 '스왑'이라고 적혀 있다면?

"관심 있는 ETF의 PDF를 찾아보니 '스왑'이라고 씌어 있던데 '스왑'도 종목인가요?" 이런 질문을 하는 사람이 꽤 있다. 만약 PDF에 '스왑'이라고 표기되어 있었다면, ETF 명칭에 '합성'이라는 말도 있을 것이다. 합성형 ETF에 대한 보다 자세한 설명은 뒤에서 하겠지만, 여기서 먼저 간단히 살펴보자.

'스왑(Swap)'이란 '바꾸다' 라는 뜻인데, 대체 무얼 바꾼다는 걸까? 직접 실물 자산을 운용하는 일반적인 ETF(실물 ETF)와는 달리, 합성형

구성종목

NO	종목코드	종목명	수량(주)	평가금액(원)	비율(%)
1		스왑(메리츠증권)_490183	794,695,583.8	794,695,583.80	47.53
2		스왑(한국투자증권)_490183	794,695,583.8	794,695,583.8	47.53
3	IXJ US EQUITY	ISHARES GLOBAL HEALTHCARE ET	150	13,865,569.20	0.83
4		원화현금		68,643,766.00	4.11

출처: TIGER S&P 글로벌헬스케어(합성), 미래에셋자산운용 홈페이지

ETF는 직접 실물 자산(주식, 채권 등)을 운용사가 직접 운용하지 않고, 증권사에게 운용해달라고 부탁한다. 운용사가 증권사에게 "우리가 '운용에 따른 비용'을 줄게, 증권사 너희가 잘 운용해서 '기초지수 수익률'을 우리에게 줘" 하는 계약을 맺는 것이다. 즉 '운용에 따른 비용'과 '기초자산 수익률'을 바꾸는 것이다. 이때 실물을 가지고 있는 것은 운용사가 아니라 스왑 계약을 맺은 상대방(증권사)이기 때문에, 어떤 증권사와 해당 계약을 맺었는지 명시한 것이 '스왑'이다.

전 세계 ETF의 PDF를 매일 확인해볼 수 있을까?

그렇지는 않다. 국내 상장된 모든 ETF는 매일 장이 끝나고 난 후 PDF를 공시해야 한다. 그러나 우리나라와 달리 액티브 ETF 시장이

활성화되어 있는 해외의 경우, 매일 PDF를 공시하지 않는 ETF도 존재한다. 2019년 9월 미국증권거래위원회(SEC)가 ETF 시장 경쟁력 강화와 혁신을 목적으로 ETF 공개의무에 대한 규정을 개정했다. 두 종류 ETF는 PDF를 매일 공개해야 한다는 법적 의무가 없으며, 매월 또는 매 분기에 지연 공개한다. 이를 반투명/불투명 액티브 ETF(semi-transparent/nontransparent active ETF)라고 한다.

한국거래소도 향후에 비공개형 액티브 ETF를 검토할 수도 있다고 했으나, 도입 시기나 관련 내용은 아직 전혀 결정된 바가 없다. 따라서 아직까지는 국내 상장된 ETF의 PDF는 매일 확인할 수 있다.

03

주식에 배당금이 있다면 ETF에는 분배금이 있다

주식을 보유하고 있으면, 회사가 사업을 해서 발생한 이익, 즉 배당금을 준다. 마찬가지로 ETF를 투자한 경우에도, 펀드 운용에 따라 발생한 이익을 ETF 투자자들에게 돌려주는데, 이것을 '분배금'이라고 한다.

흔히 ETF를 떠올리면 대부분 주식형 ETF를 떠올리기 때문에, ETF 분배금의 재원은 주식 배당금이 전부라고 생각하는데, 사실은 그렇지 않다. 실제로 2020년 기준 코스피200을 추종하는 ETF는 다양한데, 각 ETF가 연간 지급한 분배금은 상이하다. 똑같은 지수를 추종하고 있다면, 담고 있는 주식과 그 수량이 크게 다르지 않을 텐데 분배금의 차이는 왜 발생하는 걸까? 분배금의 재원이 단순히 주식 배당금만으로 구성되어 있지 않기 때문이다.

분배금의 재원은 크게 '기초자산 보유에 따른 수익'과 '기타 운용 수익'로 나눌 수 있다. 먼저 보유에 따른 수익은 말 그대로 주식이나 채권 등 기초자산을 보유함으로서 발생하는 수익이다. 주식 배당금, 채권 이자 등이 이에 해당한다.

2020년 코스피200 ETF 분배금 지급 내역			
상품명	운용사	2020년 분배금 지급 내역	연간 총분배금
KOSEF200	키움투자자산운용	600원(4월), 250원(10월)	850원
TIGER200	미래에셋자산운용	60원(1월), 440원(4월), 60원(7월), 50원(10월)	660원
TREX200	유리자산운용	630원(4월)	630원
ARIRANG200	한화자산운용	100원(1월), 400원(4월), 60원(7월), 50원(10월)	610원
KINDEX200	한국투자신탁운용	600원(4월)	600원
HANARO200	NH아문디자산운용	100원(1월), 370원(4월), 55원(7월), 70원(10월)	595원
KODEX200	삼성자산운용	50원(1월), 425원(4월), 55원(7월), 50원(10월)	580원
KBSTAR200	KB자산	70원(1월), 370원(4월), 60원(7월), 60원(10월)	560원
파워200	교보악사자산운용	420원(4월), 80원(7월), 60원(10월)	560원

자료: 각 사 홈페이지

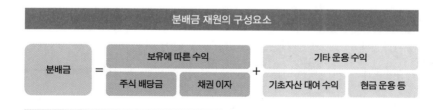

자료: 각 사 홈페이지

주식 ──배당금──▶ ETF ──분배금──▶ 투자자

동일한 기초지수를 추종하고 있는 동일한 패시브 ETF의 분배금이 다소 상이한 이유는 분배금의 두 번째 구성요소인 '기타 운용 수익' 때문이다. ETF는 기본적으로 '펀드'이기 때문에 펀드를 운용하면서 발생하는 수익이 존재한다. 기초자산 대여 수익과 현금 운용 수익 등이 이에 해당한다. 이를테면 ETF는 펀드에서 보유하고 있는 주식을 개인 또는 기관에 대여해줄 수 있고, 대여에 대한 대가로 대여 수수료를 받게 되는데 이런 대여 수수료를 분배금의 재원으로 활용하는 것이다.

그렇다면 기타 운용 수익에 해당하는 현금 운용 수익과 이벤트 대응 수익은 무엇일까? 대부분의 ETF는 현금을 일부 보유하고 있다. 지수 사업자에게 지수를 사용하는 대가로 사용료를 내야 하기도 하고, 거래소에 거래 비용을 내는 데 필요하기 때문이다. 이를 위해 보유하고 있는 현금을 초단기 상품 등에 투자하는데, 이에 따른 수익이 현금 운용 수익이다. 이벤트 대응 수익이란 신규 상장, 액면 분할 등 다양한 종목의 '이벤트'에 대응해 발생하는 수익을 말한다. 신규 상장, 유상증자, 액면 분할 등의 이벤트에 운용사가 어떻게 대응하느냐에 따라 지수보다 초과 수익이 발생할 수도 있다.

이처럼 다양한 재원으로 구성된 분배금은 ETF 투자자들에게 돌아

간다. 분배금은 배당과 다르지만, 배당을 생각하면 이해하기 쉽다. 기업은 한 해 동안 열심히 농사를 지어서, 성과를 수확하고, 해당 시기

분배금현황

TIGER 200

2021년 07월 23일 기준가격 반영

총37개   엑셀 다운로드 ⬇

지급기준일	실제지급일	분배금액(원)	주단과세표준액(원)
21.04.30	21.05.04	500	500
21.01.29	21.02.02	200	200
20.10.30	20.11.03	80	80

의 주주들에게 이 성과를 나눠준다. 이를 배당금이라고 한다.

기업 주식과 유사하게 ETF도 '분배금 지급 기준일'에 ETF를 보유하고 있는 투자자들에게 분배금을 지급한다. 이때 주의해야 할 점은 분배금 지급 시점이 '결제' 기준이라는 것이다. 따라서 ETF 분배금을 받고 싶다면, 해당 ETF 분배금 지급 기준일(D) 2영업일 전까지는 해당 ETF를 매수해야 한다. 주식형 ETF는 통상 1월, 4월, 7월, 10월 마지막 거래일에 분배금을 지급한다. 모든 ETF가 해당 월에 지급하는 것은 아니고, 보유하고 있는 종목에 따라 다른데, 정확한 분배기준일은 해당 운용사 홈페이지에서 확인 가능하다.

대부분의 운용사 홈페이지에서 궁금한 ETF 종목을 검색하면 분배금 지급 기준일 뿐만 아니라, 해당 ETF가 과거에 1주당 ETF를 얼마나 지급했는지 정확한 분배금액도 확인할 수 있다.

분배금을 활용한 투자 전략

ETF에서 또 하나 눈여겨볼 내용은 '분배락'이다. 분배락은 분배하고 난 뒤 ETF의 가치가 조정되는 것을 의미한다. 외국인이나 거액 투자자의 경우 분배락일 전에 NAV를 확인한 후 매도하기도 한다. 이는 ETF의 세금과 ETF 분배락을 잘 활용한 투자라고 볼 수 있다.

ETF 세금을 먼저 살펴보자. 뒷부분에서 더 자세히 다루겠지만, 국내주식형 ETF의 경우 매매차익은 '비과세'다. 그런데 ETF의 '분배금'은 배당소득세로 분배금의 15.4%만큼 과세가 된다.

그렇다면 거액 투자자가 활용하는 ETF 투자방법은 무엇일까? 세금을 연결지어서 생각해보면 힌트를 얻을 수 있다.

ETF 분배금 세금 체계		
구분	국내 주식형 ETF*	국내 주식형 이외의 ETF
매매차익 (장내 매도 시**)	비과세	배당소득세 과세 Min(매매차익, 과표 증분) ×15.4%
분배금	배당소득세 과세 현금 분배금 × 15.4%	배당소득세 과세 Min(현금 분배금, 과표 증분) ×15.4%

* 국내 주식형 ETF는 투자신탁 수익증권의 경우를 말함
** ETF 환매의 경우 배당소득세 과세 대상임

답은 바로 최대한 '세금을 줄이자!'는 것이다. 연간 금융소득이 2,000만 원을 넘으면 '금융소득종합과세' 대상자가 된다. 따라서 세금을 줄이고 싶은 고액자산가의 경우 분배금 지급 기준일 2일 전에 ETF를 매도하고, 향후에 다시 매수하는 방법을 활용하기도 한다.

분배락일 전에 ETF를 매도하는 게 무슨 의미가 있는지 궁금하다면, 아래 그림을 보며 NAV를 다시 떠올려보자. 주식형 ETF의 구성종

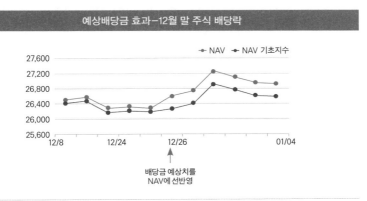

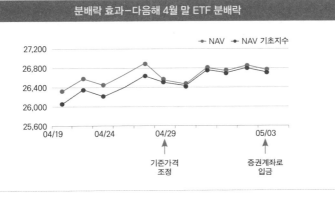

목은 다양한 주식으로 이루어져 있는데, 통상 우리나라에 상장된 주식들은 대부분 12월말 주식 배당락이 이루어진다.(그래서 대부분의 주식형 ETF의 경우, 4월 말에 지급하는 분배금이 다른 달에 지급하는 분배금보다 크다.) 회사가 주주에게 배당금을 지급할 예정 금액만큼 주가가 조정받게 되는 것이다.

12월에 주식 배당으로 기초지수 주가는 떨어졌는데 ETF는 아직 분배를 하지 않았으니 NAV가 그대로 유지된다. 따라서 조정받은 기초자산 지수와 예상 분배금이 반영된 NAV가 벌어져서 거래되다가, ETF가 분배금을 지급하는 4월 말 ETF의 분배락이 발생하면서 ETF의 NAV와 기초자산의 차이는 다시 좁혀지게 된다.

따라서 실제 기초자산보다 비싸게 거래되고 있을 때 ETF를 매도하고, 분배금은 받지 않아서 세금을 줄이며, 그 직후 ETF를 매수하여 분배락이 발생하여 낮아진 가격에 ETF를 다시 매수하는 전략이다. 물론 고액자산가가 아니거나 분배금을 받고 싶은 투자자라면 이런 방법이 있다는 것을 참고만 하자.

참고로 2020년 6월에 정부에서 발표한 '금융세제 선진화 방안'에 따르면 ETF의 매매차익도 기존 비과세대상에서 '금융투자소득'에 포함되어 과세 대상으로 적용된다고 한다. 해당 법령이 원안에서 그대로 시행되게 된다면, 2023년에는 분배락일 전 매도하는 전략은 더 이상 유효하지 않을 수 있으니 꼭 확인하자!

04

알수록 돈 버는
ETF 필수 용어

ETF의 본질적인 가치, NAV

NAV는 사실 ETF 투자에 있어 가장 중요한 요소 중 하나다. NAV(Net Asset Value)는 펀드의 순자산가치로, ETF 자산에서 부채와 기타 비용을 제외한 가치를 말하는데, 직관적으로 표현하면 ETF 1주가 가진 본질적인 가치(가격)를 뜻한다.

ETF의 순자산총액을 발행된 좌수로 나누면 1좌당 NAV(순자산가치)를 알 수 있다. 증권사 HTS나 MTS에서는 ETF 매매 화면에서 NAV가 표기되므로, 별도로 계산하지 않아도 NAV를 확인할 수 있다.

하지만 ETF 현재가가 NAV와 반드시 일치하지는 않는다. ETF를 사려는 사람이 많을 때는 NAV보다 현재가가 비싸게 거래되기도 한다. 반면, 해당 ETF를 팔려고 하는 사람이 많으면 NAV보다 낮은 가격에 거래되기도 한다. 이처럼 괴리율은 시장 가격과 순자산가치(NAV)의 차이를 의미한다.

그렇다면 추적오차는 무엇일까? NAV는 ETF 1주당 진짜 가치이고, 그 가치는 매일 저녁 산출된다. 주식이나 채권 등 장중 ETF가 담고 있는 기초자산의 가격들은 실시간으로 변하는데, NAV는 장이 끝날 때까지 그대로인가? 당연히 아니다. ETF의 NAV도 실시간으로 변한다. 따라서 한국거래소에서는 투자자들이 ETF 거래할 때 판단할 수 있도록, 10초마다 ETF의 추정 순자산가치 계산해서 제공하는데, 이를 iNAV(Indicative NAV)라고 한다.

ETF를 제대로 된 가격으로 거래하려면 iNAV를 확인해야 한다. ETF를 거래하는 데 있어 가장 중요한 것은 '괴리율'이기 때문에 제값 주고 사려면 iNAV와 최대한 비슷하게 사야 한다.

보다 신중에 신중을 더하고 싶다면 ETF 거래 시간대도 체크해봐야 한다. 장 전과 장 시작 5분 후(9:05) 그리고 장 마감 직전 동시호가(15:20~15:30)에 거래하면 적정 가격보다 비싸게 살 수도 있기 때문이다. LP는 ETF의 가격이 순자산가치에서 크게 벗어나지 않게 유지해주는(호가를 대주는) 역할을 하는데, 예를 들면 장 마감 10분 전부터는 LP가 호가를 대주어야 하는 의무가 없기 때문에, 이 시간대에 거래하면

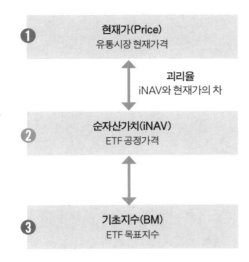

iNAV(실시간 순자산가치)

① 현재가(Price)
유통시장 현재가격

괴리율
iNAV와 현재가의 차

② 순자산가치(iNAV)
ETF 공정가격

③ 기초지수(BM)
ETF 목표지수

ETF 적정가격과 다소 차이가 나는 가격대에 ETF를 매수하게 될 위험이 있다.

그렇다면 호가를 대준다고 하는 LP는 누구이며, 그 역할은 무엇일지 더 자세히 알아보자.

ETF 거래를 도와주는 LP

LP(Liquidity Provider)는 유동성 공급자라고도 하는데, 명칭에서 알 수 있듯이 일정 수준의 유동성을 꾸준히 공급하여, ETF 거래가 물 흐르듯 원활하게 이루어질 수 있도록 도와주는 주체다.

LP의 역할은 크게 2가지다. 첫째, 투자자들이 ETF를 적정가격에 거래할 수 있도록 하고, 둘째, 거래량이 적은 ETF도 유동성 걱정을 하지 않고 거래할 수 있도록 한다. LP의 역할은 증권사가 담당하는데, LP의 첫 번째 역할은 괴리율이 커지지 않도록, LP가 지켜보고 있다가 적정가격에 호가를 대주면서 ETF가 적정가격을 유지하도록 도와주는 것이다.

거래를 하고 싶어하는 사람들이 한쪽 방향으로 쏠리게 되면(매도세나 매수세가 지나치게 강하게 나타나면) 적정가격보다 높게, 높은 괴리율로 ETF를 매수하게 된다.

2020년 초, 원유 관련 ETF/ETN 사태를 떠올려보자. 코로나로 인해 원유 가격이 급락했다. 코로나 사태가 진정되면 유가가 다시 원래 가격을 회복하면서 찾으며 상승할 것이라고 많은 사람이 전망했다. 이 원유가격 회복 기대감에 힘입어 개인투자자가 원유 ETF/ETN에 1조 이상 순매수했는데, 단기간에 원유가격 반등에 배팅한 투기성 자금까지 몰린 탓에 ETF의 순자산가치와 다른 비정상적인 가격이 형성되었다. 이렇게 매수/매도의 호가가 큰 폭으로 차이나면, LP가 괴리율을 해소하도록 가격을 공급해준다.

또한 LP는 거래량이 많지 않은 종목에 매수/매도 호가를 제시함으로 원활하게 거래될 수 있게 도와주는 역할도 한다. 관심이 많지 않은 종목이라고 해도, 사람들이 언제든 거래할 수 있도록 유동성 위험을 해소해주는 것이다.

ETF 발행시장에 관여하는 AP

ETF의 '유통시장'에 LP가 있다면, ETF의 '발행시장'에는 AP가 있다. ETF를 거래하면서 AP를 접하게 될 일은 많지 않지만, 기억해두면 ETF에 대한 이해의 폭이 커질 것이다.

AP(Authorized Participant)는 '지정참가회사'라고도 하는데, ETF 발행시장에서 최초로 ETF를 설정하거나 환매할 때 주로 역할을 수행한다. 발행시장과 유통시장을 쉽게 이해하려면 시장을 뜨겁게 달구었던

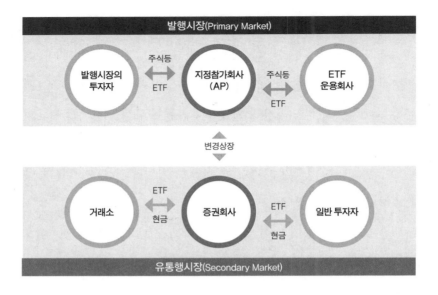

발행시장(Primary Market)

발행시장의
투자자 ← 주식등 / ETF → 지정참가회사 (AP) ← 주식등 / ETF → ETF 운용회사

변경상장

유통행시장(Secondary Market)

거래소 ← ETF / 현금 → 증권회사 ← ETF / 현금 → 일반 투자자

IPO를 떠올리면 조금 더 직관적으로 와 닿을 것이다.

이처럼 신규 상장되는 ETF가 거래될 수 있도록 설정해주고, ETF를 사겠다는 사람이 많을 경우, 추가로 설정해주거나 대규모 매도시 환매를 도와주는 역할을 하는 것이 바로 AP다.

최소 거래 단위 CU

CU(Creation Unit)는 '최소 설정 단위'라고 한다. 앞서 AP를 설명하면서 언급한 것처럼 ETF는 발행시장에서 설정/환매가 이루어지는데, 이때 설정과 환매가 가능한 최소 거래 단위를 1CU라고 한다. 증권사가 설정과 환매를 위해 가지고 있던 주식으로 CU라는 단위를 만들고, ETF 운용사가 설정과 환매를 요청할 때마다 1CU라는 단위를 주고받는 것이다.

따라서 CU는 수많은 주식으로 이루어져 있다. CU를 분식에 비유하자면 김밥, 떡볶이, 튀김이 포함된 '모듬 세트' 같은 것이다. 그런데 분식점마다 모듬 세트가 다르다. 어떤 집은 꼬마김밥 2줄에, 어묵 3개, 떡볶이 1개일 수도 있고, 어떤 집은 여기에 순대가 포함될 수도 있다. 마찬가지로 CU도 종목마다 다르게 설정된다.

05

한 번에 투자력이 상승하는
ETF 정보 사이트

ETF 상품정보 찾기

(1) 운용사 홈페이지

어떤 것이든 기본이 제일 중요하다! 상품의 기본정보는 당연히 운용사에서 확인해야 한다. 운용사 홈페이지에는 상품 기본정보, 각종 공시는 물론 시의적절하게 주목해보아야 하는 ETF 등도 추천하고 있으니 놓치지 말자.

(2) 한국거래소 홈페이지(http://www.krx.co.kr)

한국거래소 홈페이지 내 금융교육 메뉴에 가면, KRX 아카데미가 있다. 여기서 ETF 강의실에 들어가면 각종 ETF에 대한 기본 정보를 확인할 수 있다. 한 걸음 더 나아가서, 정확한 숫자로 ETF 시장을 이해하고 싶을 경우, KRX 정보데이터시스템(http://data.krx.co.kr) 사이트에서 증권상품 ETF에 들어가면 개별종목별 투자자별 거래 실적, 추적 오차율, 괴리율 등 ETF를 한눈에 비교할 수 있는 다양한 자료들이 있어서 ETF 시장의 흐름을 볼 수 있다.

(3) ETF check(http://etfcheck.co.kr)

코스콤에서 만든 ETF check라는 어플리케이션을 사용하면 ETF를 쉽고 빠르게, 그리고 재미있게 비교할 수 있다. 어플리케이션을 사용하는 방법을 알아보자.

① ETF check 어플리케이션 다운로드

이 어플리케이션은 여느 어플리케이션과 마찬가지로 구글 플레이스토어나 애플 앱스토어에서 'etf check'를 검색하면 다운받을 수 있다. 로그인을 해야 다양한 기능을 사용할 수 있는데, 카카오 로그인으로도 간편하게 사용할 수 있다.

② '마켓이슈' 들어가기

메인 화면에서는 어떤 종목이 거래 상위인지, 관심을 많이 받고 있는지 등 시장 상황을 유용하게 확인할 수 있다. 메뉴란에 마켓이슈에 들어가면 최근 이슈가 되고 있는 테마와 관련된 ETF도 확인할 수 있는데, 이를테면 '미래차'를 클릭할 경우, 미래차와 관련된 국내 ETF와 글로벌 ETF 모두 확인 가능하다.

③ '종목 찾기'로 ETF 검색

종목으로 ETF 찾기도 가능하다.

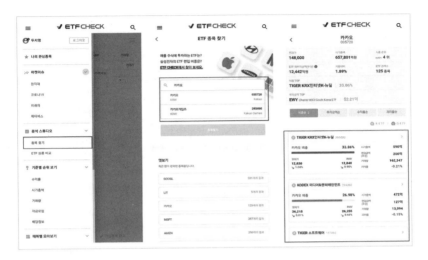

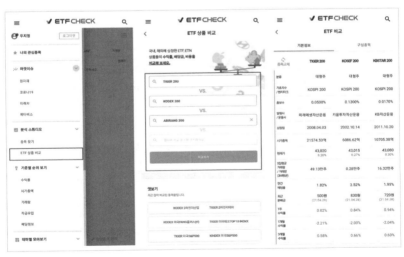

(4) 네이버금융 활용하기(https://finance.naver.com)

국내 투자자가 활발하게 사용하는 사이트, 네이버금융에서도 ETF

| ETF

ETF(상장지수펀드)는 기초지수의 성과를 추적하는 것이 목표인 인덱스펀드로, 거래소에 상장되어 있어서 개별주식과 마찬가지로 기존의 주식계좌를 통해 거래를 할 수 있습니다. 그 구성종목과 수량 등 자산구성내역(PDF)이 투명하게 공개되어 있고, 장중에는 실시간으로 순자산가치(NAV)가 제공되어 거래에 참고하실 수 있습니다. ETF는 1좌를 거래할 수 있는 최소한의 금액만으로 분산투자 효과를 누릴 수 있어 효율적인 투자수단이며, 펀드보다 운용보수가 낮고 주식에 적용되는 거래세도 붙지 않습니다.

전체	국내 시장지수	국내 업종/테마	국내 파생	해외 주식	원자재	채권	기타

종목명	현재가	전일비	등락률	NAV	3개월수익률	거래량	거래대금(백만)	시가총액(억)
KODEX 200	43,005	▲ 130	+0.30%	43,027	-0.74%	2,409,683	103,245	41,672
KODEX 단기채권	102,845	0	0.00%	102,846	+0.03%	16,993	1,747	24,206
KODEX 200선물인버스2X	1,930	▼ 10	-0.52%	1,933	0.00%	208,876,172	405,332	22,070
TIGER 200	43,020	▲ 85	+0.20%	43,060	-0.71%	917,319	39,355	21,575
KODEX 삼성그룹	10,570	▲ 35	+0.33%	10,594	+3.20%	254,361	2,680	18,180
KODEX 단기채권PLUS	103,150	▼ 10	-0.01%	103,151	+0.06%	869,568	89,698	14,314
KODEX 레버리지	27,990	▲ 125	+0.45%	28,187	-2.23%	13,301,025	369,831	13,995
KODEX 종합채권(AA-이상)액...	109,845	▲ 40	+0.04%	109,832	+0.84%	5,949	653	13,935
KODEX 200TR	14,065	▲ 50	+0.36%	14,072	-0.85%	24,819	347	12,743
TIGER TOP10	14,750	▼ 65	-0.44%	14,793	+0.45%	291,721	4,297	12,692

관련된 간단한 정보를 볼 수 있다.

여기서 관심 있는 ETF를 클릭하면 우측에서 기본적인 정보도 볼 수 있고, 구성 자산도 확인 가능하다.

ETF 시장의 흐름 파악하기

시장의 흐름을 파악하는 데는 레포트가 가장 많은 도움이 된다. 최근에는 많은 증권사 레포트들이 유료화되고 있다. 그러나 한국경제(https://www.hankyung.com)에서 무료로 제공하는 레포트 사이트, 한경컨센서스(한국경제 메인화면 〉 증권 메뉴 〉 한경컨센서스)와 네이버 금융 리서치를 활용하면 무료로 레포트들을 확인할 수 있다.

〈한경컨센서스〉

〈네이버 금융 리서치〉

계좌 개설부터 매매까지,
누구나 쉽게 따라 하는 실전 ETF

자, 이제 ETF에 대한 기본적인 이해를 갖추었다면 실전 ETF 투자
다! 주식을 한 번이라도 거래해본 투자자라면 대부분의 방법이 동일하
기 때문에, 이 부분은 가볍게 읽고 넘어가도 좋다. 하지만 ETF 투자가
처음인 투자자들을 위하여 간단하게나마 짚고 넘어가자.

ETF에 투자하는 방법은 크게 주식처럼 증권사를 통해 직접 매매
하는 방법과 은행에서 ETF 신탁에 가입하는 2가지 방법이 있다. 은행
에서 ETF 신탁 상품을 가입하는 경우는 시장의 현재 상황, 장기적인
전망에 따라 매수하고 싶은 ETF가 해당 은행 신탁상품에 라인업되어
있는지 확인하고 가입하면 된다. 여기서는 직접투자 방법에 대해서 주
로 다뤄보고자 한다. 먼저 직접투자하는 방법에 대해 알아보자.

증권사 계좌 개설

ETF를 직접 거래하기 위해서는 증권사 계좌가 필수다. ETF는 주식 거래가 가능한 국내 증권사라면 어떤 증권사 계좌에서도 모두 거래가 가능하다.

(1) 비대면 계좌 개설

최근 많은 증권사들이 비대면 계좌 개설 고객을 대상으로 무료 또는 저렴한 거래 수수료 혜택을 제공하고 있으니, 이런 혜택을 잘 찾아

보고 본인이 선호하는 증권사를 선택하면 된다. 안드로이드 사용자의 경우 플레이스토어에서, 애플의 경우 앱스토어에서 앞으로 거래할 증권사 어플리케이션을 다운받고, 비대면 계좌 개설을 진행하면 된다.

(단, 일부 증권사의 경우, 매매를 하는 어플리케이션과 '비대면 계좌 개설을 위한' 어플리케이션이 나뉘어 있기도 하니, 이 부분도 놓치지 말고 확인하자.)

대부분의 증권사에서 비대면계좌 개설 시, 원하는 계좌 유형을 선택하라는 메시지가 뜬다. 이때, 국내 주식을 거래할 수 있는 계좌면 어떤 계좌를 선택해도 무방하다.

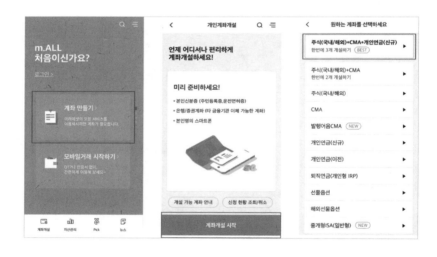

(2) 지점 방문 개설

비대면 계좌 개설이 여러가지 이유로 어려운 경우, 계좌를 만들고자 하는 증권사 인근 지점에 내방하여 주식 거래를 할 수 있는 계좌를 개설하면 된다.

거래할 채널 선택하기(HTS/MTS)

MTS는 Mobile Trading System의 약자로 휴대폰에서 해당 증권
사의 어플을 다운받아 거래하는 것이다. 안드로이드의 경우 플레이스
토어, 애플의 경우 앱스토어에 들어가서 증권사명을 검색하고, 앱을
다운받고 진행하면 되는데, 비대면 계좌 개설방법과 동일하다.

한편 HTS(Home Trading System)는 각 증권사마다 투자자들이 거래
하기 편리하도록 시스템을 만들어서 제공하고 있는데, HTS는 거래 프
로그램이기 때문에 거래하고자 하는 증권사 홈페이지에서 다운을 받
아야 사용 가능하다. HTS는 통상 증권사 홈페이지 상단이나 하단에
'HTS 다운로드' 또는 '트레이딩 프로그램 다운로드' 란을 클릭하면 다
운 가능하다.

HTS 프로그램 다운이 완료되었다면, 주식주문 또는 매매 메뉴에서 '주식주문' 화면을 클릭하면 ETF 주문이 가능하다.

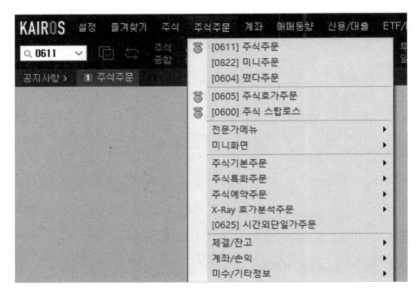

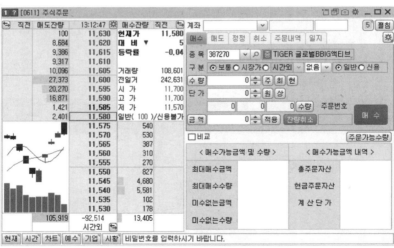

해당화면에서 '종목'란에 ETF 종목명이나 ETF 종목코드를 기입하면 해당 종목의 현재 거래 중인 가격이 화면에 뜨는데, 이때 앞서 설명한 괴리율등을 확인하면서 원하는 가격을 '수량' 란에 입력하고 매수주문을 넣으면 된다.

매도 주문의 경우도 동일하다. 동일한 화면에서 매수 탭이 아닌 매도 탭을 선택하고, 동일하게 원하는 종목과 원하는 가격을 지정하여 매도하면 된다.

PART 3

고성장, 고수익에 집중하라! '테마 투자'의 모든 것

01

혁신 테마 ETF에
주목해야 하는 이유

테마(Theme, Thema)는 '주제'를 의미한다. 그러니까 테마 투자를 글자 그대로 해석하면 '어떤 주제에 맞는 투자를 한다'고 이해할 수 있다. 조금 더 전문적인 의미를 들여다보면, 테마 투자(Thematic Investing)란 장기적인 관점에서 향후 거시적으로 파괴적 혁신(Disruptive Innovation)을 가져올 트렌드를 예측하고, 해당 트렌드가 현실화되는 경우 수혜가 예상되는 곳에 투자하는 전략을 말한다. 다시 말해, 테마 투자는 순환적인 흐름보다 구조적인 고성장이 예상되는 변화에 집중하는 것이다. 그렇기에 장기간 지속되는 사회적, 구조적 변화를 잘 살펴 선택해야 하는 투자 방법이기도 하다.

그럼 투자 대상은 어떻게 선정할 수 있을까? 투자 대상을 분석하는 방법은 2가지로 나눌 수 있다. 하나는 거시 경제 및 산업 분석을 통해 유망 산업을 찾아내고 기본적인 분석을 통해 개별기업을 찾아내는 하향식 접근(Top-Down Approach)이다. 다른 하나는 특정 종목의 내재적 가치를 먼저 분석한 후 거시 경제지표를 분석하는 상향식 접근(Bottom-Up Approach)이다.

테마 투자는 2가지 방식 모두를 적용해 접근한다. 먼저 하향식 접근 측면에서는 장기적인 성장에 집중하는 전략을 사용한다. 일반적인 성장주 전략과는 낮은 상관관계를 유지한다. 더불어 다양한 테마는 서로 분리되지 않고 상당히 유기적으로 연관된 콘셉트를 공유하기도 한다. 한편 상향식 접근 측면에서는 전통적인 섹터나 산업 분류에 국한되지 않는다. 테마를 선정할 때 정부 정책이나 개인적인 가치관에 기반한 것은 제외하고, 환율이나 인플레이션과 같은 경기순환적인 트렌드도 배제한다.

테마 투자는 크게 경기순환적(Cyclical) 테마, 구조적 테마로 나눌 수 있다. 경기순환적 테마는 단기 및 중기적으로 나타나는 변화로, 경기 사이클에 따라 좌우된다는 특징이 있다. 반면 구조적 테마는 시장 및 소비 패러다임이 변화하는 장기적 테마다. 전자가 시간의 흐름에 따라 평균으로 회귀하는 경향을 보이는 것과 달리, 후자는 시간이 지나면서 점차 그 영향력이 증가한다는 특징이 있다.

테마 투자가 주목받기 이전에 인덱스 펀드의 시대가 먼저 열렸다.

2008년 글로벌 금융위기 이후 회복 국면에서 패시브 펀드의 수익률이 액티브 펀드의 성과를 상회하는 현상이 나타나자, 아무리 뛰어난 매니저라도 항상 시장 수익률을 앞서기는 힘들다는 인상이 사람들 뇌리에 박혔다. 여기에 더해, 2010년대부터 혁신 기업들을 중심으로 폭발적인 성장이 일어나면서 시장 대표 지수와는 차별화된 성과가 나오기 시작했다. 따라서 혁신 기업들에 대한 투자 필요성이 커졌고, 전에 없던 새로운 분류체계를 적용해 이런 성장하는 기업들을 편입한 금융상품이 탄생하게 된 것이다.

물론 테마 투자가 주목받은 가장 큰 이유는 괄목할 만한 성과를 보여왔기 때문이다. 그동안 테마 투자가 높은 수익률을 기록할 수 있었던 이유는 무엇일까? 기존의 섹터 지수처럼 단순히 양호한 재무 상태나 시가총액과 같은 정보만으로 지수를 구성하지 않고, 특정 테마에 부합하면서 미래를 선도할 수 있는 기업에 투자했기 때문이다. 기술이나 사회구조적인 변화로 경제 패러다임이 변하면서 많은 투자 테마들의 범용성과 일상생활에서의 의존도가 높아지고, 이에 따른 투자가 확대되면서 결국 해당 테마 지수의 상승으로 이어졌다.

역사적 사례들을 보면 혁신은 초기에는 매우 느리게 대중에게 보급되지만 일정 변곡점을 지나면 급속도로 진행된다. 대부분의 혁신 기술은 S자 커브를 보이며 기존의 관련 산업 생태계를 완전히 장악하게 된다. 특히 코로나19로 사람들의 가치관과 생활방식이 바뀌면서 혁신 기술의 도입과 발전 속도가 더욱 가속화되고 있다.

테마 투자에 대해 이해했다면 테마형 ETF가 뭔지도 짐작이 갈 것이다. 테마형 ETF란 지금까지 설명한 테마 투자의 성격을 반영한 ETF, 즉 글로벌 메가 트렌드에 투자하는 상품이다. 장기적 관점에서 향후 사회에 큰 영향력을 발휘할 혁신적 기술이나 사람들의 가치관에 변화를 줄 수 있는 트렌드에 투자하는 것이다.

대부분의 테마형 ETF는 경기순환적 테마보다는 구조적 테마에 초점을 맞추고 있다. 우리가 주목하고 투자해야 하는 상품 역시 구조적 테마에 투자하는 ETF다. 더불어 해당 테마가 대중화되기 이전에 얼리어답터 혹은 소수에게만 도입되는 단계에 있는 테마를 상품화한다.

글로벌 트렌드에 손쉽게 투자하자

끊임없는 산업 생태계의 변화와 기술의 발전으로 예전부터 사용해왔던 산업 섹터의 기준이 불명확해지기 시작했다. 기술 혁신을 기반으로 성장하는 기업들이 과거부터 입지를 다져온 기업들의 서비스를 대체하고 지배력을 강화하면서, 신경제에 속한 기업들은 구경제 분류를 위해 사용하던 섹터의 경계도 파괴하고 있다.

예를 들어 글로벌 온라인 쇼핑 시장의 성장성에 주목해 아마존(amazon.com)에 투자하고자 한다면, 개별 종목 투자가 아닌 이상 투자 상품으로 접근했을 때 과거의 기준이라면, 글로벌산업분류기준(Global

Industry Classification Standard, GICS)상 아마존은 경기소비재에 속하므로 관련 섹터에 투자하는 ETF를 선택할 것이다. 문제는 경기소비재 섹터에는 온라인 쇼핑만이 아니라 자동차, 의류, 럭셔리, 여행레저 등 필수소비재가 아닌 임의소비재들이 모두 포함된다는 점이다.

반면 이커머스(Electronic Commerce) 관련 테마형 ETF를 활용한다면 이런 문제에서 자유로울 수 있다. 투자 대상으로는 아마존을 비롯해 우리가 흔히 아는 알리바바(Alibaba), 이베이(ebay), 쇼피파이(shopify) 등의 기업들이 포함될 것이다. 이렇게 되면 이커머스 기업에 분산투자하게 되어 테마의 성장성을 누리면서 개별 기업의 변동성 위험은 줄이는 일석이조의 효과를 누릴 수 있다. 여기에 더해 먼저 언급한 전자상거래 플랫폼 업체를 비롯해 관련 소프트웨어와 서비스를 판매하고, 이커머스 유통 관련 회사까지 포함해 투자한다면 이것이 진정 글로벌 이커머스 밸류체인을 아우르는 투자가 아닐까.

투자자들에게 관심이 높은 전기차 테마 ETF도 좋은 예다. 예전에는 전기차 관련 업종에 한번에 투자하고 싶어도 별다른 방법이 없었다. 전기차 회사는 GICS 분류상 경기소비재 중 자동차 및 부품업종에 속하고, 배터리 관련 업체는 에너지 업종에 속하기 때문이다. 2개 업종에 동시에 투자한다고 해도 전자의 업종에는 내연기관 자동차 회사들도 포함될 것이고, 후자의 업종에는 화석연료와 관련된 회사들이 대거 포함되어 있다. 실제 전기차 관련된 기업만 개별적으로 골라 투자하는 것 말고는 방법이 없었던 것이다. 하지만 테마형 ETF를 활용하면 이 같은 글로벌 메가 트렌드를 손쉽게 추종해 투자할 수 있다.

무엇보다 테마형 ETF에 주목해야 하는 중요한 이유는 시장 대표지수에 비해 더 높은 성과를 기대할 수 있기 때문이다. 2020년 정부 주도의 한국형 뉴딜정책이 추진되면서 BBIG가 주목받았다. BBIG는 배터리(Battery), 바이오(Bio), 인터넷(Internet), 게임(Game)의 약자로, 앞으로 성장을 주도할 테마별 대표기업들을 모아 테마 지수를 산출했다. 해당 지수의 백테스팅 결과를 보면 한국종합주가지수(KOSPI)보다 높은 성과를 시현한다. 더불어 신기술, 신제품, 새로운 트렌드를 사람들이 수용하는 기간이 점차 단축되면서 테마형 ETF의 수익률 달성 시기가 단축될 가능성이 높아지고 있다.

또한 혁신 기업들은 국가 간 경계를 초월해 시장 장악력을 높이기 때문에 개별국가 섹터 투자는 더더욱 의미가 퇴색하고 있다. 그러므로 테마형 ETF가 전통적인 섹터 분류의 경계를 넘어 투자할 수 있는 가장 효과적인 투자수단이 될 것은 분명하다. 대표지수 및 및 섹터 추종형 중심의 ETF 1.0 시대를 넘어 바야흐로 테마형 상품을 통해 ETF 2.0 시대가 활짝 열렸다.

어떤 혁신 테마를 선택할 것인가

업계 최초로 테마형 ETF 분류를 시작한 미국 테마형 ETF 전문 운용사 Global X는 테마형 ETF를 크게 3가지로 분류한다. 구조적인 혁신 기술에 따른 변화, 소비행동 및 인구통계의 변화, 환경변화가 그것이다. 하위 메가 테마로는 빅데이터, 모빌리티, 로봇, 핀테크, 헬스케어, 기후변화 등이 있고, 하위 메가 테마 안에서 다시 세부 테마를 구분하기도 한다. 세상을 변화시킬 테마는 다양하고 투자할 테마도 무궁무진하다.

그럼 우리는 앞으로 어떤 혁신 테마에 주목해야 할까? 이는 미국 가계의 신기술에 대한 수용곡선에서 힌트를 얻을 수 있다. 1900년대 초반에 도입된 전화기, 전기 등은 보급률 100%에 근접하기까지 각 약 60~80년이 걸렸다. 1960년대 이후 컬러TV나 에어컨은 기간이 조금 줄어들었지만 모두 보급되는 데 40~50년 정도가 소요됐다.

그러나 1990년대 이후 휴대전화나 컴퓨터, 인터넷의 경우 보급되기까지 기간이 20~30년으로 대폭 단축됐다. 어떤 제품부터 스마트폰인가에 대한 이견이 있을 수는 있지만 애플의 아이폰 출시를 스마트폰의 시작으로 본다면, 지금은 누구나 사용하고 있는 스마트폰의 출시 시점은 불과 2007년이다. 분명한 점은, 이러한 신기술 수용 곡선이 갈수록 가팔라지고 있고, 특히 코로나19 이후 훨씬 더 가속화하고 있다는 사실이다.

모두가 스마트폰을 사용하는 데 약 10년이 걸렸지만 앞으로 원격의료, 클라우드, AI 자동화, 자율주행, 전기차 등 4차 산업혁명의 혁신 상품들이 우리 곁으로 오기까지의 기간은 훨씬 더 짧아질 수 있을 것이다. 변화는 우리가 생각하는 것보다 훨씬 더 빨리 다가오고 있으며, 이것이 바로 우리가 지금 ETF를 통해 혁신 테마에 투자해야 하는 이유다.

테마형 ETF 투자를 결정했을 때 만나는 가장 큰 고민은 투자대상 선정일 것이다. 어떤 트렌드를 추종하는 테마형 ETF를 투자하는지에 따라 장기적인 성과에 큰 영향을 미치기 때문이다. 그 고민에 도움이 되고자 몇 가지 유망한 투자 테마를 선정해 분석해보았다. 지금부터 함께 상세히 살펴보자.

02

모든 것을 충전하는 시대, 가장 확실한 투자 테마_ 전기차와 2차전지

불과 몇 년 전만 해도 우리나라에서 전기차를 보는 것은 굉장히 드문 일이었다. 그나마도 100% 전기차가 아닌 하이브리드 차량이 대부분이었다. 전기차는 짧은 주행거리, 충전소 등 인프라의 부족, 비싼 가격으로 인해 크게 주목받지 못했었고 본격적인 상용화도 예상보다 더 오래 걸릴 것이라고 예상하는 사람이 많았다.

그런데 최근 주위를 돌아보면, 시내 꽤 많은 곳에 전기차 충전소가 들어서 있는 것을 볼 수 있다. 더불어 늘어난 주행거리, 지속되는 보조금 정책, 충분히 구매할 만한 범위로 내려온 가격 등으로 전기차에 대한 인식 자체가 변한 것을 느낄 수 있다. 이제 아파트 주차장에서, 길

위에서, 자동차 전시장에서 전기차를 보는 것은 더 이상 낯선 풍경이 아니다.

과거 '전기차'라는 개념으로 유통되었던 차량의 종류는 HEV(Hybrid Electric Vehicle)다. 이는 차량 출발과 저속 주행 그리고 초반 가속 시 배터리가 연결된 전기 모터를 사용하며 고속주행으로 들어가면 내연기관이 작동하는 방식이다. 내연기관이 자동차의 주 동력을 담당하며, 전기 기관(모터)이 일부 기능들을 보조하는 형태의 전기차다.

여기서 조금 더 발전한 형태가 PHEV로, Plug-in HEV 혹은 Full Hybrid라고 부른다. 방식은 HEV와 같지만 배터리 용량을 늘려 전기차 모드의 주행거리를 개선한 것이 특징이다. 또한 배터리는 플러그를 꽂아 외부에서 충전할 수 있기 때문에 전기차 모드로 주행하다가 배터리가 어느 정도 소모되면 하이브리드 모드로 전환되며, 고속 주행 시 내연 기관이 돌아가면서 배터리가 충전된다. 배터리 용량이 커진 덕분에 기존 HEV보다 전기차에 좀 더 가까운 개념으로 볼 수 있다.

테슬라를 필두로 관심을 받고 있는 '전기차'는 BEV(Battery Electric Vehicle)다. 이는 100% 배터리에 의지해 모터를 작동시키는 점이 특징이다. 내연기관이 없으므로 별도의 연료가 주입되지 않고, 배터리를 충전만 하면 주행이 가능하다.

흔히 수소차라 불리는 FCEV(Fuel Cell Electric Vehicle)도 있다. 수소와 산소의 화학반응으로 전력을 생산하고 모터를 작동시킨다는 점에서 BEV와는 다른 특징을 가진다. 우선 전력을 직접 생산해 모터를 돌려 시동 및 일시적인 충전을 위한 소형 배터리 정도만 들어간다는 점, 그리고 공조장치와 열관리를 위한 고성능의 워터 펌프가 적용되어 있다는 점 등이 특징이다.

전기차의 성장 가치가 높다

유럽의 경우 코로나19로 인해 위축된 자동차산업 활성화를 위한 전기차 보조금 증액이 전기차 시장의 성장에 기여한 것으로 보인다. 이 밖에도 적극적 인프라 구축 예산 확대, 그리고 강화된 온실가스 규제 대응을 위한 전기차 제작사들의 신모델 투입 확대 등이 어우러진 결과이기도 하다.

한국자동차산업협회의 자료에 따르면 2020년 글로벌 전기차 판매량은 294만 3,172대를 기록했다. 이는 2019년의 판매량인 203만 4,886대보다 44.6% 늘어난 것으로, 2020년 전체 자동차 시장이 코로나19 사태의 영향 등으로 전년 대비 13.7% 감소한 것을 감안하면 전기차 시장의 성장은 상당히 이례적으로 볼 수 있다. 지역별로는 유럽과 중국이 전체 시장의 성장을 이끌었다.

단순 보조금 외에도 전기차의 소유와 유지에 드는 비용이 점점 내려가고 있어, 경제성 측면에서도 성장 가치가 높다. 이미 연간 유지비용 측면에서는 내연기관차에 비해 전기차가 굉장히 저렴한 모습을 보인다. 향후 5년 내 전기차 전용 플랫폼 구축, 규모의 경제 실현을 통해 조립 최적화 및 원가 절감이 진행됨에 따라 구입 비용도 더 낮아질 것으로 기대된다. 또한 주요 전기차 소비국의 환경규제는 여전히 지속되고 있으며, 전기차는 단순한 친환경 차량에서 소비자들이 원하는 미래 차량의 자리를 차지하게 되었다.

전기차는 내연기관을 대체한다는 점도 크지만 자율주행도 큰 매력이다. 테슬라의 자율주행 시스템인 '오토파일럿'이 대표적인데, 전기차는 자율주행 시스템 도입에 유리한 측면이 많다. 오토파일럿은 어떤 특징을 가지고 있을까?

첫 번째 특징은 빠른 응답속도와 정밀한 제어다. 전기차는 기본적인 조작이 인공지능의 명령에 기반한 전자식 제어로 구현하기 때문에 내연 기관의 기계식 제어보다 응답속도가 빠르고 정밀한 제어가 가능해 자율주행 기술에 더 용이하다.

두 번째 특징은 높은 에너지 효율성으로, 자율주행 시스템은 차량에 무게를 더하기 때문에 추가적인 에너지를 필요로 한다. 내연기관차가 기존 엔진 시스템에서 추가적인 에너지 효율성 증대가 쉽지 않은 것에 비해 전기차는 배터리와 다른 시스템에서 에너지 효율을 개선할 여지가 있다.

세 번째 특징은 내구성과 관리 용이성이다. 전기차는 부품 개수가 내연기관차보다 적어 내구성이 높고, 고장 빈도도 상대적으로 낮아 장기적으로 관리하기 용이하다.

마지막 특징은 높은 공간 활용도인데, 자율주행 시대로 진입함에 따라 차량 내 체류시간 증가와 공간 활용의 중요성이 커지고 있다. 전기차는 기존 내연기관의 엔진룸이 없고, 배터리는 차량 하부 등에 위치해 설계의 제약이 적어 내부공간의 추가 확보 및 변형에 유리한 측면이 있다.

전기차 시장 확대의 최대 수혜자

전기차 시장 확대에 직접적 수혜가 예상되는 산업은 2차전지, 즉 배터리다. 전기차의 성능과 가격을 가르는 결정적인 요인이 바로 2차전지이기 때문이다. 2차전지는 전기차 제조 비용의 약 35%를 차지하고, 2020년 전기차 배터리 시장은 상위 4개 업체가 70% 이상을 차지하며, 점유율은 2015년 이후 지속적으로 확대되고 있다.

전기차 배터리를 만드는 데 꼭 필요한 소재는 양극재, 음극재, 분리막, 전해질이며, 이 역시 급속도로 성장할 것으로 전망된다. 양극재는 배터리 용량과 평균 전압을 결정하고, 음극재는 충전 속도와 수명을 좌우한다. 분리막은 2차전지 폭발 및 발화를 막기 위해 필수적이며 전해질은 과충전과 과방전 방지 역할을 한다. 이처럼 배터리 소재는 전기차 효율성 증대와 직결되는 만큼 R&D와 수요가 함께 늘어날 것으로 예상된다.

2차전지 밸류체인의 최종 단계는 원자재인 리튬이다. 리튬은 세상에서 가장 가벼운 금속으로 2차전지에 흔히 사용되며, 백색 원유(White Petroleum)라고도 불리는 차세대 에너지원이다. 단순히 전기차만이 아니라 일상 생활의 패러다임 전환도 2차전지에 대한 전망을 밝게 한다.

우리는 이미 디지털 환경에서 모든 일상 생활을 소화하고 있으며 수많은 디지털 기기에 둘러싸여 생활한다. 전 세계 주요 국가들은 기후위기 대응책으로 신재생에너지 사용을 장려하는 만큼 에너지저장장치(ESS) 보급이 급증하고 있으며, 나아가 도시 전체의 전력 효율화를 꾀하는 스마트그리드 프로젝트도 한창이다.

이런 디지털 기기들의 전력원이 바로 2차전지고, 주위를 둘러싼 모든 것들이 디지털화되고 있다는 이야기는 모든 것을 충전해야 한다는 의미이기도 하다. 급증하는 사물인터넷 기기들까지 고려한다면, 머지 않아 우리는 2차전지 세상에서 살게 된다고 봐도 과언이 아닐 것이다. 모든 것을 충전하는 세상이 도래한다면, 확실한 투자 테마는 무엇일까? 이미 많은 투자자가 그 답을 알고 있는 듯하다.

03

건강과 의료, 이보다 더 중요할 순 없다! _ 중국 바이오

아시아 전체적으로 바이오 산업은 이보다 더 성장 가능성이 높은 분야가 있을까 싶을 만큼 빠른 성장세가 나타나고 있는 산업이다. 특히 중국은 이미 많은 분야에서 엄청난 경제 규모를 자랑하는데, 의약품 시장도 이미 미국에 이어 세계 2위에 올라 있다.

1999년에 도입된 기술수준평가는 최고 기술 보유국인 미국을 100%로 놓고 한국과 일본, 유럽연합(EU), 중국의 상대적 기술수준 및 격차를 계량화한 제도다. 2021년 3월 과학기술정보통신부에서 발표한 2020년도 결과를 보면 중점과학기술이 평가 대상인데, 여러 부문에서 한국과 중국의 기술 격차가 거의 사라졌다. 특히 생명·보건의료 부문은 2년 새 중국에 추월당한 상황이다.

전기차, 인공지능, 로봇, 전자상거래 같은 분야에서 중국이 세계적 수준인 것은 널리 알려졌지만 의약 부문의 발전 상황은 상대적으로 그렇지 않은 듯하다.

그 이유는 중국 의약품 시장이 오랜 기간 저개발국 수준이었기 때문일 것이다. 1990년대에는 백신 부족으로 B형 간염 바이러스가 확산되어 국가 위기로 인식될 정도까지 의료품이 부족했고, 농촌 지역은 의료 혜택을 거의 받을 수도 없는 상황이었다.

지난 20년 동안 중국 정부는 2013년경 의료 보험의 전국화를 실현했고, 복제약을 생산할 수 있는 기업들을 육성하는 등 질적 성장보다는 양적인 성장에 집중했다.

물론 그 과정에서 가짜약 논란, 효과 없는 백신, 전통 의약에 대한 높은 의존도 등 문제가 양산됐지만, 의료 시장이 급성장한 점은 부인할 수 없다. 이렇게 기초 의료품 보급을 우선하는 기조를 유지하는 동안 중국 정부가 신약 도입에는 소극적 입장을 유지했는데, 이제는 질적으로도 발전하고 있다.

그 이유는 중국 의료 시장이 양적인 성장만으로는 더 이상 충분하지 않은 국면에 접어들었기 때문이다. 가장 큰 환경적 변화는 중국의 고령화다. 일본은 이미 고령화 사회에 진입했고, 한국과 중국은 이를 빠르게 따라가고 있다. 대부분의 질병, 특히 의료에 대한 수요가 높은 암, 성인병의 발병률은 나이가 많아질수록 급증하는데 현재의 중국

제약 산업 수준으로는 이러한 상황을 감당하기 어렵기 때문이다.

중국 중산층의 증가로 의료 지출이 커진다

중산층의 급격한 성장도 바이오 산업의 성장 요인이다. 삶의 질이 나아지면 나아질수록, 건강에 대한 관심이 높아지는 것은 당연한 현상인데 현 의료 수준이 아직 중산층의 눈높이를 따라가지 못하고 있다. 중국 본토에 사는 상당수의 사람이 많은 비용을 지불하더라도 의료 서비스가 개방된 홍콩에 가서 진료를 받는다. 기존의 낮은 약제 서비스나 제네릭(화학 복제약)이 아닌, 보다 더 수준 높은 바이오(신약을 포함한 바이오 시밀러) 시장이 성장할 수밖에 없는 시대적 요구가 나타나고 있다고 볼 수 있다.

미국의 대표적 싱크탱크인 '브루킹스 연구소(The Brookings Institution)'가 2020년 10월에 내놓은 '글로벌 중국' 보고서에 따르면 중국 중산층은 빠르게 증가해 2027년에는 12억 명에 달할 것으로 추정된다.

여기서 중산층이란 2010년 기준 구매력 평가를 토대로 1인 하루 최대 110달러를 소비할 수 있는 계층을 의미하는데, 연구소에 따르면 중국 중산층은 2020년 기준 총 7조 3000억 달러를 소비할 전망이다. 이는 미국 중산층의 소비 추산액보다 55%가 많은 돈인데 1인당 구매금액은 미국이 많을지 몰라도, 중국 중산층의 인원수가 워낙 많아 벌어지는 일이다.

중국 중산층의 성장 배경으로 먼저 고급인력의 증가를 꼽을 수 있다. 과거 중국 산업의 경쟁력은 저학력 노동자를 활용한 값싼 인건비였는데, 이제 중국은 고학력 사회로 급격하게 변화하고 있으며, 소득 수준도 빠르게 증가하고 있다.

고급 일자리의 증가도 주요 요인이다. 고학력자가 증가한다고 해도 그에 맞는 소득을 제공할 일자리가 부족하다면 중산층이 늘어나기는 어려울 텐데 현재 중국은 고급 일자리가 빠른 속도로 증가하고 있다. 글로벌 ICT(정보통신기술) 100대 기업 리스트를 보면 여전히 미국 기업이 많지만 알리바바, 텐센트, 평안보험, 징동닷컴, 차이나모바일, CITIC 등 중국 기업도 많이 포진하고 있다.

참고로 한국은 삼성전자 1개 회사만 포함되어 있다. 이러한 중국 기업의 경쟁력 상승은 중국 내 양질의 일자리 증가로 이어지며, 결과적으로 중산층의 성장에도 영향을 미치고 있다.

이처럼 중국 중산층의 증가로 의약품에 대한 지출도 상당히 커질 것이고, 고가의 바이오 의약품에 대한 지출도 커질 것이다. 특히 코로나19로 건강에 대한 사람들의 관심이 증가하고, 예방 백신이나 신약의 중요성을 절감하고 있다.

건강과 위생에 대한 관심은 갈수록 더 증가할 것이고 궁극적으로 헬스케어 관련 지출액 증가로 이어질 것이다. 중산층 증가는 결국 전체적인 소비 증가로 귀결된다고 볼 수 있다.

중국 정부의 강력한 지원

이런 시장 환경 변화에 따른 수요 증가와 더불어 정부의 강력한 지원 및 정책 변화가 성장을 이끌고 있다. 중국 정부는 제약, 바이오 산업을 경제 성장 동력으로 삼고, 의약품 규제기관(CFDA) 혁신을 통해 의약품의 허가 기간을 단축시켜 신약 개발 유인을 제공하고 있다. 또한 ICH(국제의약품 규제조화 위원회)에 2017년 6월 가입했는데, 이는 중국 의약품 승인 기준을 글로벌 스탠다드에 맞춰 나가고, 신약 승인 시 해외에서 실시한 임상 실험 결과도 수용하겠다는 의미다.

우수한 인력들이 대거 유입된다는 점도 중국 바이오 산업 성장에 한몫을 한다. 미국 내 해외 유학생들 중 중국인의 비중은 압도적으로 높은데 이들이 잠재적 전문 인력이 되어 중국으로 돌아오고 있는 것이다. 2012~2017년에 약 25만 명의 중국 유학생들이 중국 바이오 산업으로 복귀한 것으로 추정된다. 산업 경험이 풍부한 인력도 중국의 로컬 업체들로 돌아오고 있다.

글로벌 경쟁력을 갖춘 다국적 제약사의 연구소장, 연구원 등의 경력을 보유한 인력이 중국에서 창업하거나 주요 직책자로 이직하는 사례가 증가하고 있는 것이다.

정부의 국가 보험 커버리지 확대도 주요한 원인이다. 좋은 약을 개발하더라도 결국은 매출로 이어져야 하는데, 보험 목록에 포함될 경우 신약의 시장 침투율은 상당히 높아진다. 중국 정부는 신약에 대해 정부 보험 커버리지를 지속적으로 확대하고 있고, 그 결과 환자 부담 비용이 낮아지고 있으며, 이는 신약 개발 바이오 기업들에게 큰 동기부여가 되고 있다.

04

전 세계가 '반도체 1위'를 목표로 한 이유 _ 반도체

반도체는 워낙 우리나라 기업들이 강한 면모를 보이는 분야라 일반 투자자들에게도 익숙한 투자 테마일 것이다. 반도체는 흔히 '산업의 쌀'로 비유된다. TV, 스마트폰, 자동차, 컴퓨터 등 우리 생활에 필수적인 전자기기 대부분에 반도체가 중요 부품으로 들어가기 때문이다.

반도체(semiconductor)는 semi(반)와 conductor(도체)라는 단어에서 유래했으며, 평상시 전기가 통하지 않지만 열을 가하거나 특정 물질을 넣으면 전기가 통하는 물체를 말한다. 오늘날 전자기기에 널리 사용되는 반도체들은 열, 빛, 자장, 전압, 전류 등의 영향으로 그 성질이 크게 바뀌는데, 이 특징 때문에 매우 다양한 용도로 활용되고 있다.

반도체의 시초는 1947년 미국 벨 연구소(Bell labs)에서 탄생한 트랜지스터를 꼽는다. 이전에 전자신호를 증폭하는 소자로서 전자장비에서 사용되었던 진공관은 전력 소모가 크고 전력을 유지하는 데 어려움이 많았다. 그러던 중 빛을 쪼이거나 전자를 주입하면 전도도가 달라지는 소자인 트랜지스터를 개발한 것이다. 전류나 전압 흐름을 조절하는 스위치 역할을 하는 트랜지스터의 발명은 전자공학에서 매우 중요한 역사적 사건이었고 오늘날 산업 발전의 시초가 되었으며, 반도체 산업은 엄청난 속도로 발전했다.

반도체의 칩에 들어갈 수 있는 트랜지스터의 수가 2년마다 2배씩 늘어날 것이란 인텔 공동창업자 고든 무어가 얘기한 '무어의 법칙', 반도체 메모리 용량이 1년마다 2배씩 증가한다는 삼성전자 황창규 전 사장의 '황의 법칙'을 들어봤을 것이다. 한계에 다다랐다는 평가도 있지만 무어의 법칙은 근 50년간, 황의 법칙도 10년 가까이 깨지지 않았다.

반도체 시장의 세분화

반도체 시장이 발전하면서 산업 또한 분화해 보통 메모리와 비메모리로 구분된다. 메모리 반도체는 일반적으로 정보를 저장하고 기억하는 용도로 활용되는 제품인데 대표적인 것이 D램과 낸드플래시다. D

램은 전원이 꺼지면 데이터가 사라지고, 낸드플래시는 전원이 꺼지더라도 데이터가 보존은 되지만 속도가 느리다. 메모리 반도체 시장에서는 국내 기업인 삼성전자와 SK하이닉스가 세계 선두를 다투고 있다.

비메모리 반도체는 메모리 반도체가 아닌, 그 외 모든 제품을 말한다. 메모리 반도체는 대부분 종합반도체 기업이 설계부터 제조까지 전 과정을 설계하나, 비메모리 반도체는 비즈니스 방식에 따라 반도체를 설계만 하는 '패블리스(fabless)'와 설계된 반도체를 위탁 생산만 하는 '파운드리(foundry)'로 구분된다. 비메모리 반도체를 제품으로 나눠보면 시스템 반도체, 광·개별소자 반도체 등과 같이 회로를 구성하는 각각의 소자로 나눌 수 있으나 업계에서는 시스템 반도체로 통칭한다.

시스템 반도체는 소품종 대량 생산하는 메모리 반도체와 달리 다품종 소량 생산하는 제품이다. 시스템 반도체는 컴퓨터의 중앙처리장치인 CPU, 스마트폰에서 CPU 역할을 하는 애플리케이션 프로세서, 차량용 반도체 등 '두뇌' 역할에 해당하는 제품이다. 주로 데이터 연산·제어 등 정보 처리 역할을 수행하기 때문에 자율주행, 사물인터넷, 인공지능, 클라우드, 빅데이터 등 4차 산업혁명과 관련된 생산품의 핵심 부품에는 시스템 반도체가 들어간다고 할 수 있다. 시스템 반도체는 우수한 기술 인프라가 필요한 분야로 인텔, 퀄컴 등 글로벌 상위 10개 기업이 시장의 절반 이상을 차지하고 있다.

시스템 반도체 중 패블리스 시장은 미국 기업이 시장을 주도하고 있으며, 중국이 내수를 기반으로 추격 중인 양상이다. 퀄컴, 엔비디아,

AMD 등 미국 기업이 압도적인 점유율을 가지고 가고 있으며, 미디어텍, 하이실리콘 등 중국계 기업은 중국 내 거대 내수시장과 정부의 강력한 지원책을 기반으로 시장 진출을 본격화하고 있다. 파운드리 시장에서는 대만 TSMC가 독보적 1위이며 삼성전자가 추격하고 있다. 다품종·소량생산 확대 등 다양한 칩에 대한 수요 증가로 파운드리 시장 또한 성장세에 있다.

현재 세계 주요국은 시스템 반도체 산업을 선도하기 위해 많은 노력을 기울이고 있다. 미국은 기초연구, 기술 보호 등으로 민간 기업을 지원하고 있으며, 주요 기업들을 보유하며 세계 시장을 선도하고 있다. 대만은 TSMC라는 파운드리 분야 독보적 1위 업체를 보유하고 있으며, 패블리스-파운드리의 유기적 협력을 바탕으로 글로벌 패블리스 업체들도 육성 중이다.

한국의 경우 삼성전자가 주도적으로 나서고 있다. 삼성전자는 '반도체 비전 2030'을 선포하고 2030년까지 메모리 반도체뿐 아니라 시스템 반도체 분야도 1위를 하겠다는 목표를 표방하고 있다.

중국 반도체 시장에 주목하자

최근 반도체 시장에서 주목해봐야 할 포인트는 중국이다. 중국은 정부의 강력한 산업 육성 지원책으로 메모리 반도체와 시스템 반도체 시장의 동시 육성 전략을 추진하고 있다. 따라서 거대 내수 시장과 수요 창출 등 강력한 정부 지원을 바탕으로 빠른 성장이 예상된다.

중국 정부가 자국의 반도체 산업을 육성하는 가장 큰 이유는 중국 산업 중 자립도가 가장 낮은 영역 중 하나이기 때문이다. 중국의 연간 반도체 수입액은 원유 수입액보다 많다. 특히 시스템 반도체 칩 설계 분야인 패블리스 시장에서 미국의 점유율이 높은 점은 미국과의 무역 갈등을 감안할 때 부담으로 작용할 수밖에 없다.

이에 중국 정부는 반도체 산업의 해외 의존도를 낮추기 위해서 적극적으로 정책 지원을 지속하고 있다. 2014년 국가 집적회로 산업발전 추진 요강을 기점으로 본격적으로 반도체 산업을 육성하기 시작했으며, 2018년 4월 시진핑 중국 주석이 우한 YMTC 시찰 중에는 반도체 심장론(반도체는 사람의 심장과 같다)을 주장하며 중국 기업 육성을 위해 자국산 반도체 구매를 확대할 것을 지시하기도 했다.

중국이 이미 글로벌 브랜드를 가진 다수의 IT 하드웨어 기업을 보유하고 있다는 점은 유리하게 작용할 수 있다. 그 기업들이 중국산 반도체 업체를 활용한다면 그만큼 반도체 생산 국산화율은 올라갈 수 있다.

또한 중국은 유능한 엔지니어 인력풀을 확보하고 있다. 고등교육의 확산으로 중간급 엔지니어 인력 풀이 상당히 풍부해진 것이다. 중국의 STEP(Science, Technology, Engineering, Math) 전공 졸업자 수는 이미 인도와 미국을 훨씬 뛰어넘는 등 반도체 강국이 되기 위한 인력 흡수가 계속 진행 중이다.

향후에도 시스템 반도체의 성장은 견고할 것으로 보인다. 시스템 반도체는 4차 산업혁명 생산품의 핵심부품이기 때문이다. 시스템 반도체 시장은 글로벌 반도체 시장의 50~60%를 차지하는 거대 시장으로, 메모리 반도체보다 약 1.5배 크며 경기변동에 따른 영향이 적은 편이다. 수요자의 요구에 맞춰 제품이 생산되는 주문형 방식으로, 수요와 공급 불일치에 따른 급격한 시황 변화가 없으므로 특정산업의 호·불황에 크게 영향을 받지 않는 안정적인 시장구조를 가진다. 반면 메모리 반도체는 생산 후 판매방식으로 수요와 공급 불일치 시 급격한 가격 변동이 발생할 수 있다.

05

구글과 아마존이 주목하는 곳
_ 클라우드 산업

클라우드(Cloud)는 영어로 '구름'이란 뜻인데 여기서 말하는 클라우드
는 클라우드 서비스나 클라우드 컴퓨팅을 말한다. 언제 어디서나 필요
한 만큼의 컴퓨팅 자원을 인터넷을 통해 활용할 수 있도록 해주는 것
이다. 지메일(Gmail), 구글 드라이브, 카페24, Office 365, 아마존웹서
비스, 쇼피파이(Shopify), 줌 비디오(Zoom video), 넷플릭스(Netflix) 등
을 익숙하게 사용하는 사람이 많을 것이고, 최소한 스마트폰 사용자
라면 적어도 하나 이상은 사용해본 경험이 있을 것이다. 이것들의 공
통점은 바로 클라우드를 기반으로 이뤄지는 서비스들이라는 점이다.

　클라우드가 처음 등장한 것은 컴퓨터 서버의 유휴 자원을 활용함으

로써 효율성을 향상시키고 비용을 절감하려는 목적이었다. 최근에는 인공지능과 빅데이터의 중요성이 커지면서 클라우드가 4차 산업의 기초 인프라로 부각되고 있는 상황이다.

빅데이터의 수집, 저장, 분석을 위한 방대한 컴퓨팅 자원과 인공지능 개발을 위한 슈퍼컴퓨터를 개별 기업이 자체적으로 구입하는 것은 매우 비효율적일 것이다. 특히 기존 기업에 비해 자본력이 부족한 스타트업의 경우 이러한 자원을 독자적으로 구입하는 것은 불가능에 가까운데, 클라우드 서비스를 활용한다면 비교적 적은 비용으로 이런 작업을 수행할 수 있게 된다.

아마존, 마이크로소프트, 구글 등 혁신의 아이콘인 글로벌 기업들은 이미 관련 비즈니스를 확대해 나가고 있다. 결국은 클라우드가 사물인터넷, 인공지능, 빅데이터, 5G 등 4차산업이 핵심 기술들을 융합하는 플랫폼 역할을 하게 될 것으로 보기 때문이다. 특히 최근 코로나 19로 인해 원격근무, 비대면 고객 서비스, 동영상 서비스(OTT), 온라인 강의 등 언택트 서비스가 확장되면서 이러한 움직임이 가속화되고 있다.

성장이 기대되는 이유

클라우드 산업의 성장 속도나 여러 조사 결과를 보면 발전 가능성이 매우 높을 것으로 기대된다. 무엇보다 경제적 유인이 큰데 기업들이 자체 데이터 센터를 구축할 경우 발생하는 대규모 투자 지출을 클라우드 서비스를 통해 적은 영업 비용으로 대체할 수 있기 때문이다. 또한 향후 사용량이 급증하거나 급감하는 경우에도 빠르게 대응할 수 있다. 아마존웹서비스(AWS, Amazon Web Service)라는 클라우드 서비스가 탄생한 것도 내부 개발자들의 생산성 향상을 고민하면서 시작됐다. 초기에는 서버, 스토리지 등의 잉여 컴퓨팅 자원을 외부에 서비스 형태로 판매하며 시간 기준으로 사용료를 받는 형태였는데, 정식 서비스 출시 이후에 수요가 빠르게 증가하기 시작했다.

빅데이터의 활용도 클라우드 시장의 성장하는 배경 중 하나다. 빅데이터 분석을 위해서는 고사양의 컴퓨팅과 많은 데이터 그리고 소프트웨어 플랫폼이 필요하다. 그리고 기업이 이를 직접 구비하려면 막대한 비용과 시간을 소모해야 한다. 그러나 클라우드 서비스를 활용하면 기업은 이러한 컴퓨팅 자원을 원하는 시간에 원하는 비용을 지불하고 손쉽게 활용할 수 있다. 즉 클라우드 서비스의 확대가 결과적으로 빅데이터 분석 등 4차산업의 발전의 초석이 되고 있는 것이다.

넷플릭스는 클라우드 컴퓨팅을 가장 잘 이용한 사례로 꼽힌다. 넷플릭스는 콘텐츠 스트리밍 업체이기 때문에 데이터 센터 운영 능력이 뛰어난데, 넷플릭스가 추구하는 핵심 가치인 콘텐츠 제작에 집중하기 위해 IT 인프라를 모두 클라우드로 전환했다. 비즈니스 특성상 트래픽, 즉 접속 시간이 몰리는 시간대가 다른데 클라우드 서비스를 이용하면 컴퓨팅 자원을 필요한 시간에 필요한 만큼 사용하는 것이 가능하기 때문에 자체 데이터 센터를 구축하는 것에 비해 내부 자원을 훨씬 더 효율적으로 사용할 수 있다고 판단한 것이다.

실제로 2016년 100% 클라우드 이전 완료 시점부터 넷플릭스의 매출액과 시가총액은 본격적으로 상승하기 시작했다. 또한 빅데이터를 아마존웹서비스의 머신러닝(Machine Learning)에 학습시켜 '사용자별 콘텐츠 추천 시스템'을 구축한 것은 넷플릭스 성공 비결로도 꼽힌다.

클라우드의 특징

클라우드의 특징은 크게 3가지다. 첫째는 접속의 용이성이다. 시간과 장소에 상관없이 인터넷을 통해 클라우드 서비스를 이용할 수 있으며, 클라우드에 대한 표준화된 접속을 통해 다양한 기기로 서비스를 이용할 수 있다. 둘째는 유연성이다. 동영상 접속자가 갑자기 늘어나더라도, 인터넷 쇼핑몰에서 갑작스럽게 주문이 폭주하는 경우에도, 필요한 만큼의 컴퓨팅 자원을 쉽게 추가할 수 있어 유연하게 대응할 수 있다. 셋째는 주문형 셀프서비스다. 클라우드 컴퓨팅은 사용량에 비례한 과금 체계를 가지고 있기 때문에 기업들이 비용을 절감하고 핵심적 업무에 역량을 집중할 수 있게 해준다.

클라우드 서비스는 범위에 따라 IaaS(Infrastructure as a Service)와

PaaS(Platform as a Service) 그리고 SaaS(Software as a Service)로 구분한
다. IaaS는 CPU, 메모리 등의 하드웨어 자원을 제공하는 클라우드 서
비스이고, PaaS는 운영체제와 소프트웨어 개발이나 데이터 분석을 위
한 도구들까지 제공하는 서비스이며, SaaS는 하드웨어와 OS뿐만 아
니라 응용소프트웨어까지 제공하는 서비스를 말한다.

  클라우드 서비스는 구축 유형에 따라 공용(public), 사설(private), 하
이브리드(hybrid)로 분류할 수도 있다. 공용 클라우드는 마이크로소프
트, 아마존웹서비스, 구글과 같이 외부의 클라우드 컴퓨팅 사업자가
IT 자원을 소유하고 서비스를 제공하는 것이다. 공유 오피스의 자유
석과 같이 누구든지 자리만 비어 있다면 사용할 수 있고, 사용한 양
에 따라 비용을 지불하게 된다. 사설 클라우드는 개별 기업이 자체 데
이터 센터 내에서 클라우드 컴퓨팅 환경을 구축하는 것으로 고정석에
비유할 수 있고, 사용자가 배타적으로 좌석을 사용하게 된다. 하이브
리드 클라우드는 사설과 공용 클라우드를 결합한 형태로, 기업의 핵
심 IT 시스템은 내부에 두고 외부의 클라우드 서비스를 추가로 활용
하는 방식이다.

  결론적으로 클라우드 투자 테마에 해당하는 기업들은 인프라에서
소프트웨어까지 굉장히 광범위하고, 해당 서비스 제공업체에서 이용
업체까지 확장해 생각한다면 전체를 아우르는 ETF를 통해 효과적으
로 접근할 수 있다. 더불어 클라우드의 활용 목적은 최초의 경제적 요
인인 비용 절감에서 시작해서 이제는 머신러닝, 인공지능을 통한 빅데

이터 분석으로 점차 고도화되고 있으며, 데이터가 증가하고 5G에 따른 데이터 처리속도가 빨라질수록 이러한 클라우드 컴퓨팅의 활용도는 더욱 커질 것이다.

06

더 이상 아이들의 전유물이 아니다!
_ 게임 & 메타버스

게임을 단순히 아이들이 즐기는 오락으로만 취급한다면 오산이다. 글로벌 게임 시장 분석업체에 따르면 전 세계 게임 시장은 2020년부터 매년 7.7%씩 성장해, 2023년에는 약 2,008억 달러(225조 원 수준) 시장이 될 것으로 예상된다.

미국 ESA(Entertainment Software Association)의 〈2020년 게이머 보고서〉에 따르면, 미국 내에만 약 2억 1,400만 명의 사람들이 게임을 즐기고 있는데, 그중 5,110만 명이 18세 이하의 미성년자이고, 나머지 1억 6,300만 명은 성인이다. 더욱 흥미로운 점은 35세 이상의 중장년층이 약 41%를 차지한 점, 특히 55세 이상의 베이비 부머 세대가 약

15%를 차지한 점이다. 더불어 게이머의 남녀 성비도 점점 비슷해지고 있는데 약 41%가 여성이었다. 따라서 '게임=아이들의 전유물'이라는 등식이 사라지고 있다고 할 수 있다.

다양한 연령과 분야로 확대되는 게임 산업

게임 산업의 성장에는 모바일 게임의 급격한 확산이 한몫을 했다. 스마트폰의 대중화로 인해 다양한 게임을 언제, 어디서나 즐길 수 있는 것이 가능해지며 게임 인구가 폭발적으로 늘어난 것이다. 전체 게임 시장에서 모바일 게임이 차지하는 매출은 절반가량인 것으로 분석되며, 이런 흐름은 지속될 것으로 예상된다. 점점 많은 메이저 게임사가 모바일 게임을 출시하고 있으며, 스마트폰의 성능 향상으로 더 복잡하고 높은 퀄리티의 게임이 가능하기 때문이다.

더불어 게임이라는 문화가 자리잡은 기간이 40년이나 된 것도 영향이 있을 것이다. 국내외에서 사회적 이슈가 된 게임 '갤러그'는 1981년도에 출시됐고, 그 시기 청소년층이 어느새 40~50대가 되었다. 그중 일부가 여전히 게임을 즐기고 있을 것이다.

여타 투자 테마들과 마찬가지로 게임 산업도 코로나19가 기회로 작용하고 있다. 외출을 자제하고 여가 시간이 증가함에 따라, 집에서 게임을 즐기는 시간이 늘어난 것이다. 시장조사기관에 따르면 2020년

2월 국내 모바일 게임 앱 다운로드 수는 전년 동기 대비 안드로이드는 10%, iOS는 17% 증가했다. 코로나19가 먼저 확산된 중국은 2020년 2월 한 달간 모바일 게임 다운로드가 2019년 연간 평균 대비 80%나 증가했다. 이처럼 게임 이용 시간과 다운로드가 증가하면서 매출의 증가로 이어졌다. 코로나19가 단기간에 해결되기 어려운 이슈라면 이러한 흐름도 지속될 것으로 예상할 수 있다.

게임 산업의 장기 성장이 예상되는 예상되는 또 하나의 이유는 바로 게임을 직접 '즐기는' 인구와 함께 게임을 '보는' 인구도 빠른 폭으로 늘어나고 있다는 점이다. 이를 크게 라이브 스트리밍과 이스포츠로 구분할 수 있다.

라이브 스트리밍은 각각의 '스트리머'가 유튜브 같은 라이브 플랫폼을 통해 본인의 게임 플레이를 중계하고, 시청자는 해당 스트리머의 채널에 들어가서 방송을 시청하는 일종의 '개인 게이밍 채널'이라고 볼 수 있다.

이스포츠(E-Sports)는 Electronic Sports의 줄임말로, 1998년 블리자드(Blizzard) 사의 〈스타크래프트〉 출시 이후 프로게이머의 등장, LoL(리그 오브 레전드), 오버워치, 배틀그라운드 등 후속 히트 게임 출시, 게임 중계 환경의 발전으로 급성장하기 시작했다. 이스포츠 스폰서쉽과 중계권을 가지고 있는 방송사뿐만 아니라 기존 게임 개발사, 퍼블리셔 업체들도 길어지는 게임 생애 주기, 관련 굿즈 및 티켓 매출 등의 부수입 발생, 신규 게이머 유입 등으로 수혜를 입을 수 있을 것으로 전망된다.

PC나 콘솔 게임에서 모바일로 확대된 게임, 이제는 클라우드를 활용한 게임 산업도 주목된다. 클라우드 게이밍은 서버 컴퓨터에서 실행 및 연산 처리되는 게임을 스트리밍 방식으로 전송받아 즐기는 서비스다. 비용 문제로 개발 중단을 선언하기는 했지만 2019년 3월 구글이 스태디아(Stadia)를 발표하며 본격적으로 시장의 관심을 받았고, 이후 다른 관련 회사들도 클라우드 게이밍 플랫폼 개발을 선언하기도 했다.

클라우드 게임이 가지는 고유한 장점은 PC 및 콘솔 구매 가격 대비 낮은 가격으로 즐길 수 있고, 장소의 제약이 없이 게임을 실행하고, 별도의 설치가 필요 없다는 점이다. 음악 감상을 다운로드 없이 실시간으로 스트리밍해 듣듯이 게임도 그렇게 즐기는 것이다. 물론 게임에 소요되는 데이터가 음악과는 비교도 되지 않을 만큼 크다는 문제가 있다. 아직까지는 인터넷 속도가 부족해 상용화가 어렵다는 의견도 많지만, 향후 5G의 발달이 이를 해결해줄 것으로 기대되는 상황이다.

메타버스에 대한 기대감이 커지고 있다

게임 산업의 성장성과 함께 최근 화두가 되는 메타버스도 빼놓을 수 없는 투자 테마다. 메타버스는 '가상'을 뜻하는 메타(Meta)와 '우주'를 뜻하는 유니버스(Universe)의 합성어로, 현실세계와 같은 사회·경제·문화 활동이 이뤄지는 3차원의 가상세계를 말한다. 가상현실(VR, 컴퓨터로 만들어놓은 가상의 세계에서 사람이 실제와 같은 체험을 할 수 있도록 하는 최첨단 기술)보다 한 단계 더 진화한 개념으로, 아바타를 활용해 단지 게임이나 가상현실을 즐기는 데 그치지 않고 실제 현실과 같은 사회·문화적 활동을 할 수 있다는 특징이 있다.

2018년 개봉한 〈레디 플레이어 원〉이란 영화가 메타버스를 잘 구현해 보여준다. 이 영화를 보면 '오아시스'라는 가상세계가 존재하고, 각종 하드웨어를 통해 접속해 플레이가 가능하다. 각 플레이어는 그들의 아바타로 존재하고 오아시스 안에서 사회적인 관계도 형성한다. 이처럼 현실세계가 아닌 가상으로 구현되는 모든 것이 메타버스에 해당할 수 있다.

메타버스는 1992년 미국 SF 작가 닐 스티븐슨(Neal Stephenson)이 소설 《스노 크래시(Snow Crash)》에서 처음 언급했다. 이 소설에서 메타버스는 아바타를 통해서만 들어갈 수 있는 가상의 세계를 가리킨다. 그러다 2003년 린든 랩(Linden Lab)이 출시한 3차원 가상현실 기반의 〈세컨드 라이프(Second Life)〉란 게임이 인기를 끌면서 메타버스가 널리 알려지게 되었다.

향후 메타버스가 현실세계의 일부 혹은 상당 부분을 대체하게 된다면 메타버스로 전환될 가능성이 가장 높은 것은 바로 게임이다. 왜냐하면 게임은 가상세계 플랫폼의 핵심인 시각화를 통해 몰입 경험을 제공하는 최적의 콘텐츠이기 때문이다. 또한 게임은 사용자 간 사회적

관계를 형성하게 하고, 일부 게임의 경우 높은 수준의 자유도를 제공하기도 한다. 무엇보다 게임에는 현실의 자산을 대체할 수 있는 아바타가 존재한다.

메타버스를 구성하기 위해서는 AR(증강현실)/VR(가상현실) 기기 같은 하드웨어와 가상 생태계 구축을 위한 소프트웨어가 동시에 필요하다. 그렇기에 AR/VR은 PC에서 모바일에 이어 주요 하드웨어 플랫폼으로 부상할 가능성이 높다. 이미 페이스북은 향후 10주년 계획의 핵심으로 AR/VR을 차세대 플랫폼으로 발표한 바 있고, 신모델들의 해상도, 무선 연결, 가격 경쟁력 등이 높아지며 시장 확대 기대감이 커지고 있다.

게임이 우선순위가 되겠지만 궁극적으로 메타버스는 모든 산업 분야에 AR/VR 적용을 의미하기도 한다. 이미 AR/VR 기기는 일부 산업현장에서, 혹은 군사용으로 사용이 확대되고 있으며 업무 효율성도 상당히 검증된 상황이다. 따라서 메타버스는 5G 상용화와 가상현실(VR)·증강현실(AR)·혼합현실(MR) 등을 구현할 수 있는 기술의 발전, 코로나19로 인한 언택트 확산으로 주목받고 있다.

07

투자받는 기업의 숙명적 과제
_ ESG와 신재생에너지

옥시 가습기 살균제 사건과 폭스바겐 디젤 게이트는 불매운동 등으로 매출이 급감한 것을 넘어 기업의 부도덕성으로 인해 기업가치까지 하락한 사례다. 같은 맥락에서 기업의 비재무적 요소를 고려하는 가치 측정 방법이 확산되고 있는데, 특히 ESG 평가가 기업의 가치 측정에 있어 핵심이라 할 수 있다.

ESG는 Environmental(환경), Social(사회), Governance(지배구조)의 줄임말로 2006년 UN에서 발간한 〈책임투자의 원칙(Principles for Responsible Investment)〉 보고서에 처음 등장했다. E(환경)는 기업은 친환경 정책을 확립하여 추구한다. S(사회)는 기업은 사회에 일자리 제공

등 지역사회의 긍정적 발전에 이바지한다. G(지배구조)는 기업은 주주 뿐만 아니라 경영진, 근로자 그리고 협력사와 장기적으로 지속성장 가능한 방향으로 기업을 관리한다는 의미로 정의할 수 있다.

이러한 가치평가는 기업이 환경을 대하는 태도와 관리 능력, 노사관계, 일과 삶의 균형 등 사회와의 건전한 관계, 대주주 전횡, 소액주주 고려 여부 등 지배구조 문제와 같은 기업의 비재무적 리스크를 측정하는 것이다.

이런 분석이 의미가 있는 이유는 때때로 비재무적 리스크가 일반적인 재무적 리스크보다 파급력이 큰 경우 종종 있기 때문이다. 또한 비재무적 리스크가 적을수록 재무적인 성과가 더 좋아지는 측면도 부인할 수 없다. ESG와 같은 가치 측정 방법이 떠오르는 이유는 숫자로 측정할 수 없는 상방과 하방 리스크를 들여다볼 수 있다는 장점이 있기 때문이다.

UN의 발표 이후 ESG는 사회적으로 이슈가 됐고, 특히 친환경 산업에 전 세계적인 관심이 쏠렸지만 이러한 기조가 계속 이어지지는 못했다. 2008년 금융위기를 비롯하여 미국과 유럽 등의 재정적자 문제, 브렉시트 등 다양한 사회·경제적 이슈가 발생하면서 각국은 눈앞에 닥친 문제를 해결하는 데 역량을 집중했기 때문이다. 그러면서 자연스럽게 미래에 대한 투자인 ESG에 대한 관심이 축소됐으며, 그나마 유럽에서는 ESG가 지속적으로 강조되고 확대되는 상황이었다.

우리나라는 과거 2000년대 중반 국민연금이 국내주식 유형 중 사회책임투자펀드를 집행하면서 ESG 투자가 본격 시작됐으나, 대형주 위주로 구성된 SRI 지수가 대형주의 약세로 부진한 성과 나타내면서 자금이 유출됐고 관심에서 멀어졌다. 하지만 점차 기관투자자의 사회적 책임이 강조되면서 ESG 투자 확대에도 큰 영향을 주고 있으며, 2016년 스튜어드십 코드 도입와 함께 사회책임투자에 대한 필요성이 대두되었다.

코로나 팬데믹으로 부각되는 ESG의 중요성

코로나19라는 팬데믹을 겪으면서 ESG의 중요성이 다시 부각되었으며, 이는 기업을 보는 새로운 방식으로 주목받고 있다. 전 세계가 코로나 사태 해결을 위한 노력과 넥스트 팬데믹에 대한 예방이 필요하다는 인식을 공유했기 때문이다. 미국을 포함 유럽, 한국, 일본, 중국 등이 잇따라 ESG 관련 새로운 정책 및 법안을 내기 시작했다.

소비·생산의 주축으로 부상한 밀레니얼 세대(1981~1996년생)와 그 윗세대인 X세대(1965~1980년생)의 영향력도 이러한 흐름에 맞물려 있다. 이들은 ESG의 가치를 이전 세대보다 더욱 중요시하는 경향을 보인다. 기업의 부정부패나 갑질 논란 등 사회적 이슈가 불거졌을 때 포털, 소셜미디어 등 다양한 매체를 통해 의견을 제시하고 이슈화시켜 기업으로부터 사과를 이끌어내는 것은 물론 경영의 방향성에도 상당한 영향을 미치곤 한다.

자산 시장에서도 ESG 투자에 대한 관심이 빠르게 확산됐다. 투자자들은 UN이 발표한 총 17가지의 지속가능발전목표(Sustainable Development Goals)를 투자의 핵심 가치로 보고 있다. 그 안에는 빈곤 퇴치, 교육, 보건 등 사회적인 주제부터 수도, 에너지, 기후 변화 등의 친환경 정책을 비롯해 기업의 거버넌스, 평화, 정의와 강력한 제도 추구 및 파트너십 구축 등 다양한 내용을 담고 있다.

ESG를 기반으로 한 투자를 확장하면 '지속가능한 투자(Sustainable Investing)'라는 개념으로 나아간다. 지속가능한 투자가 추구하는 가치는 People(사람), Planet(지구), Profit(수익)을 일컫는 3P다. 3P의 People은 ESG 요소 중 사회(Social)와 지배구조(Governance)로, Planet은 환경(Environmental)으로 설명이 가능하다. 마지막으로 Profit은 투자에서 가장 중요한 수익성을 의미한다.

ESG와 유사한 개념이 SRI(Socially Responsible Investing, 사회책임투자)인데 이는 마찬가지로 기업의 사회적 책임을 강조한다. 둘 다 비재무적 요소를 고려해 리스크를 축소한 경제적 가치 창출을 중시하며, 특히 환경적인 부분이 가장 와 닿는 투자 방향이라고 할 수 있다. 왜냐하면 환경문제는 더 이상 선택이 아닌 필수로, 기후변화에 대응할 필요성이 점차 커지고 있기 때문이다.

환경문제는 남의 일이 아니라 당장 우리 앞에 닥친 현실이다. 전 세계에서 기상기후 현상, 2021년 들어서만 미국 한파, 유럽 폭설, 인도

히말라야 빙하 홍수 등 심각한 자연재해가 여러 건 발생했다. 전문가들은 이를 한결같이 환경오염에 따른 기상 이변 현상으로 해석한다. 이는 통계로도 확인할 수 있는데 UN재난위험경감사무국에 따르면 2000년부터 2019년 사이 자연재해 발생 건수는 7천 건 이상으로 그 이전 10년 기간과 비교해 74%가 늘었고, 이로 인한 피해자 숫자는 40억 명 이상으로 24%가 증가했다. 경제적 피해 규모도 천문학적으로 발생해 82%나 늘었는데 전 세계적으로 지난 10년간 그 규모가 무려 3천조 원 이상으로 집계된다.

영향의 심각성 측면에서도 우려가 크다. 매년 1~2월에 스위스 다보스에서 개최되는 세계경제포럼에서는 글로벌 리스크 보고서를 발간하는데 '발생가능성'과 '영향의 심각성'을 구분해 전 세계 위험요인에 대한 순위를 발표한다. 과거에는 주로 정치, 경제, 사회문제가 주를 이뤘다면 근래 들어 점차 환경문제가 상위권을 차지하고 있다.

2021년 1월 19일 발간된 21년도 보고서를 보면 코로나19 영향으로 '전염병' 항목이 상위권에 랭크됐지만 발생가능성과 영향의 심각성 모두에서 환경문제가 눈에 띈다. 미국의 미래학자 앨빈 토플러는 《제3의 물결》에서 "지구상에 3차 세계대전 수준의 대재앙이 온다면 핵전쟁도 아니고 종교 분쟁도 아니고 기후변화에 따른 이상재난일 것이다"라고 언급하기도 했다.

기후변화에 대한 각국의 노력은 필수불가결

환경문제에 따른 기후변화에 대한 범국가적 대책의 대표주자는 2021년부터 발효된 파리기후협약이다. 2015년 12월 파리에서 열린 21차 유엔 기후변화협약 당사국총회 본회의에서 195개 당사국이 채택한 협정으로, 버락 오바마 전 미국 대통령 주도로 체결됐다. 이 협정에서 세계 온실가스 배출량의 90% 이상을 차지하는 참여국들이 지구 평균 온도 상승 폭을 산업화 이전 대비 +2℃ 이내로 유지하는 것을 목표로 하자고 결의했다.

도널드 트럼프 전 미국 대통령이 일방적으로 탈퇴해 논란이 되기도 했는데, 조 바이든 미국 대통령이 2021년 2월 취임 후 첫 업무로 파리기후변화협약 복귀를 위한 행정명령에 서명하면서 일단락됐다.

이전에는 1997년 12월 일본 교토에서 개최된 기후변화협약 제3차 당사국총회에서 미국 및 개발도상국을 제외한 40여 개국 채택해 2005년 발효된 교토의정서가 있었다.

세계 온실가스 배출량의 15%에만 해당하는 국가들만 참여했는데 선진국들의 감축 실적은 있었지만 2020년까지 전 세계 평균 온실가스 배출량은 오히려 증가했다. 파리기후협약은 대상국 확대를 넘어 온실가스 배출량 감축뿐 아니라 적응, 재원, 기술 이전, 역량 배양, 투명성 등 다양한 분야를 포괄한다. 또한 각국이 감축 목표를 자발적으로 정하는 '국가 결정 기여(NDC, Nationally Determined Contribution)'를 제출하도록 했다.

세계 각국은 또한 탄소 중립을 목표로 환경 중심의 정책을 펼치고 있다. 탄소 중립은(Carbon Neutral) 개인이나 회사, 단체가 배출한 만큼의 온실가스(탄소)를 다시 흡수해 실질 배출량을 '0'으로 만드는 것을 말한다. 이는 지구온난화를 막기 위한 대표적인 움직임의 하나로, '넷 제로(Net Zero), 탄소 제로 (Carbon Zero)'라고도 불리는데, 여기서 탄소는 석유, 석탄과 같은 화석연료를 사용해 발생하는 이산화탄소 등 온실가스를 말한다.

온실가스 배출량을 계산하고 이를 상쇄하기 위해 나무를 심거나 화석연료 발전소를 대체할 에너지 시설에 투자 혹은 탄소배출권을 구매해 상쇄하는 방식으로 이뤄진다.

도널드 트럼프 전 미국 대통령의 화석연료 사용 확대 정책을 뒤집고 조 바이든 미국 대통령이 2050년 탄소 배출량 제로를 공언하며 탄소 중립은 세계적인 대세가 됐다고 전문가들은 말한다. 앞서 EU(유럽연합)는 2019년 12월 '그린딜(European Green Deal)'을 통해 2050년 탄소 중립 목표를 발표했다.

중국은 2020년 9월 UN 총회에서 시진핑 주석이 2060년 이전까지 탄소중립을 달성하겠다고 선언했고, 일본도 같은 해 10월 스가 총리가 의회연설에서 2050년 탄소 중립을 선언한 바 있다. 이어 우리나라도 문재인 대통령이 2020년 10월 국회 시정연설에서 "2050년 탄소중립을 목표로 나아가겠다"고 선언했다.

우리나라는 제조업 의존도가 높아 다른 국가보다 탄소 중립에 더 많은 비용과 노력을 쏟아야 할 것으로 보인다.

한국은 경제협력개발기구(OECD) 회원국 중 온실가스를 다섯 번째로 많이 배출하는 국가다. 산업연구원에 따르면 국내 철강 시멘트 석유화학 등 3개 업종에서만 탄소 중립 비용으로 2050년까지 최소 400조 원, 국내 산업계 전체적으로는 800조에서 1,000조 원이 필요할 것으로 추산된다.

2020년 7월에는 정부 주도로 디지털 뉴딜 및 그린 뉴딜로 대표되는 한국판 뉴딜을 발표했다. 여기에서 그린 뉴딜은 탄소 의존형 경제를 친환경 저탄소 등 그린 경제로 전환하는 전략을 말한다. 기후위기에 선제적으로 대응하고 인간과 자연이 공존하는 미래 사회를 구현하기 위해 탄소 중립을 향한 경제·사회 녹색전환을 추진하는 것이다. 신재생에너지 확산기반 구축, 전기차·수소차 등 그린 모빌리티, 공공시설 제로 에너지화, 저탄소·녹색산단 조성 등이 주요 과제다. 사회 전반에 신재생에너지 확산을 위해 2025년까지 총사업비 35조 8천억 원을 투자하고 일자리도 20만 9천 개를 창출하는 것이 목표다.

환경문제의 해결책으로 떠오른 신재생에너지

지금까지 범정부 차원의 환경보호를 위한 자구책을 소개했다면 민간 차원의 노력도 빼놓을 수 없다. RE100(Renewable Enegy 100%)가 대표적인데, 기업이 사용하는 전력 100%를 신재생에너지로 달성하겠다고 공표하는 캠페인이다.

이 캠페인은 2014년 영국 런던의 다국적 비영리기구 '더 클라이밋 그룹(The Climate Group)'에서 발족해 전 세계 300개 이상의 기업들이 참여하고 있다. 누구나 이름만 들으면 아는 글로벌 기업들이 다수 있으며, 우리나라 기업의 참여도 늘고 있다.

특이한 점은 RE100에 참여한 기업들은 그들의 협력업체까지 동참하도록 요구한다는 점이다. 앞으로 해외 유수의 기업에 부품을 납품하려면 기본적으로 제품 자체도 우수해야 하지만 환경요인도 무시할 수 없는 상황이 된 것이다.

우리나라도 한국형 RE100(K-RE100) 제도를 시행하고 있다. 이제 기업 등 전기소비자가 재생에너지 전기를 선택적으로 구매하여 사용할 수 있다.

글로벌 RE100 캠페인은 연간 전기사용량이 100GWh 이상인 기업을 대상으로 참여를 권하는데, 국내 제도는 사용량과 무관하게 재생에너지를 구매하고자 하는 산업용·일반용 소비자는 에너지공단의 등록을 거쳐 참여할 수 있다. 이를 위해 2021년 1월 전기사업법 시행령을 개정해, 한전을 통해 발전사업자로부터 재생에너지 전력을 구매하는 제3자 전력구매계약(PPA, Power Purchase Agreement)의 도입 기반을 마련했다.

환경문제에 대한 궁극적인 해결책은 신재생에너지에서 찾을 수 있다. 신재생에너지는 연료전지, 수소에너지 등 대체에너지인 신에너지와 태양광, 태양열, 바이오, 풍력, 수력 등 재생가능한 연료인 재생에너지를 합쳐 부르는 말이다.

초기투자 비용이 들지만 화석에너지의 고갈문제와 함께 환경문제 대두로 관심이 증대되고 있다. 우리나라는 「신에너지 및 재생에너지 개발·이용·보급 촉진법, 약칭 신재생에너지법」에서 정의하고 있으며 소관부처는 산업통상자원부다.

대체에너지가 비싸다는 것은 이제 편견일 뿐이다. 기술 발전으로 이제는 경쟁력 있는 가격까지 내려온 상황이기에 더 이상 비싸서 에너지 전환이 이뤄지지 못한다는 말은 나오지 않을 것이다. 신재생에너지의 핵심인 태양력, 풍력 부문을 중심으로 비용 감소가 크게 나타나고 있으며, 특히 태양광 발전(Solar PV)의 경우 2019년을 기준으로 2010년 대비 82%의 비용 절감이 이뤄졌다.

우리나라의 에너지기본계획은 5년 주기로 수립하는 에너지 분야의 최상위 법정계획으로, '에너지 헌법'으로 불린다. 이는 현재 시점부터 향후 20년 동안의 에너지 수요·공급 전망, 에너지 확보·공급 대책, 에너지 관련 기술 개발과 인력 양성 계획 등에 대해 다룬다. 에너지기본계획의 구속을 받는 하위 계획도 10여 개로 전력수급기본계획, 해외자원개발기본계획, 신재생에너지기본계획, 에너지이용합리화계획, 에너지기술개발계획, 석유비축계획 등이 있다.

제5차 신재생에너지기본계획은 2020년 12월 29일 심의 확정됐다. 「신에너지 및 재생에너지 개발·이용·보급 촉진법」 제5조에 따라 10년 이상의 기간으로 5년마다 수립되며 2020~2034년을 계획기간으로 한다. 우리나라의 2034년 신재생에너지 발전 비중 목표치는 25.8%로 설정됐다.

08

결제 그 이상의 플랫폼
_ 암호화폐와 블록체인

바야흐로 코인 광풍이다. 급격한 가격 변동으로 인해 그 열기는 식었다 붙었다를 반복하지만 직접 투자를 하든 안 하든 많은 이들이 코인, 즉 암호화폐에 관심이 많은 것은 분명하다.

2021년 4월 미국 1위 암호화폐 거래소 코인베이스의 나스닥 직접 상장을 앞두고 비트코인 가격은 사상 최고치를 기록했다. 이 밖에 글로벌 유동성 확대, 페이팔, 테슬라, 스타벅스의 비트코인 결제서비스 도입, 비트코인 ETF의 캐나다 증권거래소 상장 등 암호화폐의 제도권 편입 기대감이 긍정적으로 작용했다.

다만 암호화폐에 대한 규제 강화 가능성과 높은 가격 변동성은 투자 리스크를 높이는 요인이다. 그러나 암호화폐 제도권 편입 기대를 높이는 이벤트들이 예정되어 있고 골드만삭스, JPM 등 글로벌 투자은행들도 투자 포트폴리오에 암호화폐 편입 계획을 밝히면서 시장의 관심은 지속될 것으로 보인다.

그렇다면 과연 코인으로도 불리는 암호화폐란 무엇일까? 어감 때문에 기존 화폐를 대체하는 디지털 '동전'이나 '화폐'라고 생각할 수 있지만 암호화폐의 역할은 '결제'가 전부가 아니다. 오히려 일종의 '플랫폼'으로 이해하는 편이 적합하다.

암호화폐는 기존의 화폐와 어떻게 다른가

암호화폐의 핵심은 '탈국가화'와 '프라이버시'다. 비트코인의 창시자인 사토시 나카모토는 중앙정부가 발행하는 화폐로 인한 금융 불안과 주기적인 시장 붕괴에 따른 피해에서 벗어나기 위해 암호화폐를 고안했다. 기존의 금융기관을 통하지 않고 직접 온라인을 통해 결제를 가능하게 하는 일종의 P2P 전자화폐 시스템인 것이다. 인터넷이 있는 이상 어떤 정부도 비트코인 발행을 막을 수 없어 '무정부주의 화폐'라고도 부른다. 개인의 자금 거래 내역을 보호하는 것도 암호화폐의 목적중 하나다. 신분을 노출하지 않고 거래할 수 있는 방법을 연구하면서 암호화폐가 탄생했다.

기본적으로 암호화폐와 같은 디지털 자산은 블록체인 기술을 기반으로 한다. 원래 거래가 이뤄지는 과정은 송금이 이뤄지면 은행이라는 중개자가 있어 거래장부에 기록을 하고 이를 중앙서버에 저장하게 된다. 정보와 시스템이 한곳에 집중되어 공동으로 사용되는 형태로 관리의 기능을 중앙에 집중시키는 '중앙집중화' 시스템이라고 할 수 있다. 정보가 한 곳에서 관리되어 편리하지만 해킹의 위험성에서 자유롭기 힘든데 블록체인 기술은 이런 단점을 해결하기 위해 등장한 것이다.

기존의 거래는 은행이 거래방부를 보관했지만 블록체인에서는 네트워크에 연결된 모두가 동일한 장부를 보관하는 것이 핵심이다. 간단히 정리하면 블록체인 기술은 블록을 체인으로 연결하는 것인데, 이 블록들에는 거래정보가 담겨 있고 연결이 확실하다는 것을 증명하기 위해 새 블록의 첫머리에 이전 블록의 암호값을 저장하게 된다. 어디에선가 위변조가 발생하면 이 암호값이 달라지기에 해킹여부를 확인할 수 있는 것이다. 블록체인을 이용한 거래 방식은 송금이 일어나면 해당 거래 정보가 담긴 블록이 생성되고, 그 블록 정보가 네트워크상의 모든 참여자에게 전송되면 참여자들은 거래정보의 유효성을 상호 검증한다. 기존의 거래방식이 정보에 대한 접근을 차단해 보호하고 관리했다면 블록체인은 오히려 모든 거래정보를 누구나 열람가능하도록 하여 오히려 보안성을 높인 것이다.

다만 보안성은 높이고 싶지만 거래내역 공개를 원하지 않는 경우도 있을 것이다. 그래서 블록체인 기술은 크게 퍼블릭(Public) 블록체인과 프라이빗(Private) 블록체인으로 나눌 수 있다.

퍼블릭 블록체인은 누구나 자유롭게 참여할 수 있는 형태의 네트워크로 다양한 컴퓨터 장비를 사용해 참여할 수 있다. 우리에게 잘 알려진 비트코인, 이더리움 등의 암호화폐가 대표적이다. 참여자 모두에게 거래내역이 공개되고 함께 검증하기 때문에 신뢰도가 높은 방식이지만, 모든 참여자가 거래 기록을 남기고 이를 공유하므로 처리 속도가 느리다는 단점이 있다.

프라이빗 블록체인은 기업이나 기관의 승인을 받아야 네트워크에 참여할 수 있어 소수의 참여자만 검증하고 승인할 수 있다. 이는 퍼블릭 블록체인보다 처리속도가 빠르고 저렴하다는 장점이 있다. 퍼블릭과 프라이빗의 장단점의 한계를 극복하기 위한 하이브리드(Hybrid) 블록체인도 있는데 퍼블릿 블록체인의 주요 기능은 제공하면서 거래내용 접근이나 공개에 대해서는 제한하는 것이다.

블록체인이라는 혁신 기술

블록체인 기술은 데이터를 저장하고 유지하는 데이터 베이스의 한 종류로, 탈중앙화 및 분산화된 원장 접근 방식이 특징이다. 블록체인 내 거래가 진행되는 방식을 기술적으로 표현하면 다음과 같다. 먼저 하나의 블록, 즉 거래가 시작되면 P2P(Peer-to-Peer) 기반 네트워크를 통해 전파되고, 이 거래는 블록으로 집계되어 컴퓨터 노드(Node, 규칙을 따르고 정보를 공유하는 서로 연결된 컴퓨터) 네트워크에 의해 처리된다. 검증된 거래는 블록에 저장되며 잠금되어 봉인된다. 여기에서 검증된 거래는 암호화폐뿐만 아니라 각종 보안이 필요한 다양한 기록 및 결제 내역 등이 포함될 수 있다. 거래가 완료되면 네트워크 내에서 영구적으로 수정이 불가하며, 이 블록들은 서로 다음 블록과 연결되어 체인을 형성하게 된다.

블록체인 기술의 장점은 투명성, 불변성, 정확성, 보안성 등으로 정리할 수 있다. 결과적으로 비트코인과 같은 암호화폐 그리고 다양한 디지털 자산들은 블록체인을 활용한 좋은 예시다. 기술의 장점이 필요한 모든 산업 분야에 적용할 수 있어 확장 가능성이 매우 큰 혁신 기술인 것이다.

기존 방식의 공급망 관리와 추적 방식은 비용이 많이 들고 번거로우며 관리상 오류 가능성과 보안에도 취약한 측면이 많다. 하지만 블록체인 기술을 공급망 관리에 적용하면 각 단계에서 제품의 출처, 배송여부, 상품 및 서비스에 대한 결제를 확인할 수 있게 된다. 공급망의 모든 단계에서 상품을 추적할 수 있기 때문에 문제가 발생했을 때도 전체 폐쇄나 과도한 비용 소요 없이 빠른 시간 내에 문제발생 원인을 파악해 제거할 수 있는 것이다.

또 다른 블록체인 사례로는 스마트 계약(Smart Contracts)를 들 수 있다. 이는 프로그래밍된 조건이 모두 충족되면 자동으로 계약을 이행하는 '자동화 계약' 시스템이다. 계약 당사자들 간의 합의사항을 블록체인 네트워크에 코드로 작성하면 자동적으로 이행되는 자체 실행 계약인 것이다. 기존에는 계약이 체결되고 이행되기까지 수많은 문서가 필요했다면, 스마트 계약은 계약 조건을 컴퓨터 코드로 지정하고 조건이 맞을 경우 계약을 이행하는 방식이다.

스마트 계약은 익명성이 존재하고 계약조건이 자동으로 시행되기 때문에 중앙기관이나 법률 시스템을 적용받을 필요성도 사라진다. 스마트 계약을 통해 다양한 것을 거래할 수 있고 제3자 없는 당사자 간 거래도 가능하다. 의료기록 추적(Medical Records)에서도 블록체인 기술 활용이 가능하다. 의료기록을 환자 고유의 식별자를 사용해 블록체인에 안전하게 저장하면, 의료서비스 제공자가 정보에 접근할 권한을 실시간으로 승인하고 환자는 자신의 기록을 확인할 수 있게 된다. 최근에는 블록체인 기술을 디지털 콘텐츠에 접목시켜 아티스트의 저작권을 보호하려는 시도들도 있다.

신기술인 블록체인도 확장성, 보안성, 탈중앙화 등 풀어야 할 숙제는 있다. 확장성은 거래량의 증대를 견딜 수 있는지, 보안성은 해킹의 접근을 막을 수 있는지, 탈중앙화는 소규모 단위로도 효율성이 있는지의 문제다. 아직 이 세 가지를 동시에 해결한 블록체인 플랫폼은 없고, 거래 특성에 따라 한두 개씩만 만족하는 시스템을 만들어 서비스를 제공하고 있는 상황이다.

암호화폐 투자가 버블이다, 중앙은행이 발행하는 디지털 화폐(CBDC, Central Bank Digital Currency)가 나오면 가치가 하락할 것이라는 등 현재 코인투자에 대한 설왕설래가 많다. 물론 암호화폐가 실제 화폐로 사용되기 위해 모두에게 신뢰는 얻어야 하고, 중앙정부가 이를 대하는 입장 차이가 있기에 모든 것은 합리적 의심이라고 할 수 있다. 하지만 분명한 점은, 투자광풍에 가려졌지만 암호화폐를 만든 블록체인 기술은 클라우드 서비스, 연산, 물류, 지식자산 소유 방식, 데이터 진위 판별 등 활용 범위가 무궁무진하다는 사실이다.

투자 테마별 ETF 리스트

테마	종목명	티커 (상장코드)	상장 국가	상장일	주요 특징
전기차와 2차전지	TIGER 2차전지테마	305540	한국	2018. 09.11	전기차, 소형 가전, ESS 시스템 등 다양한 곳에 쓰이고 있는 2차전지와 관련된 한국 기업에 투자
	TIGER KRX 2차전지 K-뉴딜	364980	한국	2020. 10.07	글로벌 경쟁력을 갖춘 국내 2차전지 기업 중 시가총액 상위 10개 종목에 집중 투자
	TIGER 차이나전기차 SOLACTIVE	371460	한국	2020. 12.08	떠오르는 전기차 소비 시장인 중국의 주요 전기차 관련 기업에 투자. 홍콩 및 미국 달러로 거래 가능
	TIGER 퓨처모빌리티 액티브	387280	한국	2021. 05.25	전기/수소차에서 플라잉카와 우주항공, 공유경제까지, 국내 퓨처모빌리티 밸류체인에 투자
	TIGER 글로벌리 튬&2차전지 SOLACTIVE	394670	한국	2021. 07.20	백색원유 '리튬'의 전후방 기업과 전기차의 핵심인 글로벌 2차전지 기업에 투자
	TIGER 글로벌자율 주행&전기차 SOLACTIVE	394660	한국	2021. 07.20	미래차 시장의 핵심인 자율주행과 전기차 테마에 집중 투자

테마	종목명	티커 (상장코드)	상장 국가	상장일	주요특징
전기차와 2차전지	Global X Lithium&Battery Tech	LIT	미국	2010. 07.22	글로벌 2차전지 관련 기업 및 2차전지의 주 재료인 리튬 생산 및 채굴 기업에 투 자
	Global X Autono- mous&Electric Vehicles	DRIV	미국	2018. 04.13	글로벌 자율주행차 및 전기차 개발 기업 에 투자
	Global X China Electric Vehicle and Battery	2845, 9845	홍콩	2020. 01.17	떠오르는 전기차 소비 시장인 중국의 주 요 전기차 관련 기업에 투자. 홍콩 및 미 국달러로 거래 가능
	Horizons Global Lithium Producers Index	HLIT	캐나다	2021. 06.23	글로벌 리튬 생산 관련 기업에 투자
중국 바이오	TIGER 차이나바이 오테크SOLACTIVE	371470	한국	2020. 12.08	빠르게 성장하는 중국의 바이오테크/헬 스케어 산업에 투자
	Global X MSCI China Health Care	CHIH	미국	2018. 12.07	MSCI 중국 헬스케어 지수 투자
	Global X China Biotech Innovation	CHB	미국	2020. 09.20	헬스케어 수요와 함께 성장하는 중국 바 이오테크 기업에 투자
	Global X China Biotech	2820, 9820	홍콩	2019. 07.25	빠르게 성장하는 중국의 바이오테크/헬 스케어 산업에 투자. 홍콩 및 미국달러로 거래 가능
반도체	TIGER 반도체	091230	한국	2006. 06.26	글로벌 경쟁력을 갖춘 한국 반도체 산업 에 투자
	TIGER Fn반도체 TOP10	396500	한국	2021. 08.10	삼성전자, SK하이닉스 포함 국내 반도체 TOP10에 집중 투자
	TIGER 미국필라델피 아반도체나스닥	381180	한국	2021. 04.09	4차 산업혁명의 핵심인 글로벌 반도체 밸류체인 전반에 투자
	TIGER 차이나반도 체FACTSET	396520	한국	2021. 08.10	반도체, 장비, 부품, 생산 및 조립 등 중 국반도체 테마에 집중 투자
	Global X China Semiconductor	3191, 9191	홍콩	2020. 08.07	정부의 정책 보조와 중국 기업의 반도체 개발 확대에 수혜를 받는 중국 반도체 산 업에 투자. 홍콩 및 미국달러로 거래 가능
	Global X Asia Semiconductor	3119	홍콩	2021. 07.23	아시아 반도체 밸류체인 기업에 투자
	Global X Japan Semiconductor	2644	일본	2021. 09.28	일본 반도체 밸류체인 기업에 투자
	Horizons Global Semiconductor Index	ETHI	캐나다	2021. 06.22	반도체와 반도체 장비의 생산 및 개발 관 련 글로벌 기업에 투자

테마	종목명	티커 (상장코드)	상장 국가	상장일	주요 특징
클라우드	TIGER 글로벌클라우드컴퓨팅 INDXX	371450	한국	2020. 12.8	4차 산업혁명의 인프라인 클라우드 산업 관련 글로벌 기업에 투자
	Global X Cloud Computing	CLOU	미국	2019. 4.12	4차 산업혁명의 인프라인 클라우드 산업 관련 글로벌 기업에 투자
	Global X China Cloud Computing	2826, 9826	홍콩	2019. 7.25	4차 산업혁명의 인프라인 클라우드 산업 관련 중국 기업에 투자, 홍콩 및 미국 달러로 거래 가능
게임 & 메타버스	TIGER K게임	300610	한국	2018. 07.23	글로벌 게임 강국인 한국의 게임 산업에 투자
	TIGER KRX 게임 K-뉴딜	364990	한국	2020. 10.07	글로벌 경쟁력을 가진 한국 게임 기업 중 시가총액 상위 10개 종목에 집중 투자
	TIGER Fn메타버스	400970	한국	2021. 10.13	IT하드웨어, 플랫폼, 콘텐츠까지 국내 메타버스 밸류체인 기업에 투자
	Global X Video Games&Esports	HERO	미국	2019. 10.25	글로벌 게임 개발사 및 게임 관련 하드웨어, 이스포츠 관련 기업에 투자
	Global X Video Games&Esports UCITS	HERU	영국	2020. 12.17	글로벌 게임 개발사 및 게임 관련 하드웨어, 이스포츠 관련 기업에 투자
	Global X China Games and Entertainment	3117	홍콩	2021. 07.23	성장이 예상되는 중국 게임 및 엔터테인먼트 기업에 투자
	Global X Japan Games & Animation	2640	일본	2021. 06.23	일본 문화를 대표하는 게임 및 애니메이션 산업에 투자
ESG와 신재생 에너지	TIGER MSCI KOREA ESG 리더스	289260	한국	2018. 02.06	MSCI KOREA 구성종목 중 주류, 담배, 도박, 원자력, 무기 등 관련 기업을 배제하고 ESG 점수가 높은 종목에 투자
	TIGER MSCI KOREA ESG 유니버셜	289250	한국	2018. 02.06	MSCI KOREA 구성종목 중 방위산업 관련 기업을 배제하고 ESG 점수가 높은 종목에 투자
	Global X Conscious Companies	KRMA	미국	2011. 07.16	Multi-stakeholder Operating System (MsOS)을 통해 높은 ESG 수준을 보이는 기업에 투자
	Global X S&P 500 Catholic Values	CATH	미국	2016. 04.18	S&P500 종목 중 미국카톨릭주교회에서 명시한 사회적 책임 부적합 활동을 하는 기업을 제외하고 투자
	Global X S&P Catholic Values Developed ex-U.S.	CEFA	미국	2020. 06.22	S&P 선진국지수(미국 제외) 내 미국카톨릭주교회에서 명시한 사회적 책임 부적합 활동을 하는 기업을 제외하고 투자

테마	종목명	티커 (상장코드)	상장 국가	상장일	주요 특징
ESG와 신재생 에너지	Global X Japan Global Leaders ESG	2641	일본	2021. 06.23	ESG 요소를 반영해 일본 대표 우량주 20개 종목에 집중 투자
	Global X MSCI Governance- Quality Japan	2636	일본	2021. 03.31	ESG와 재무적 퀄리티를 동시에 평가해 일본 기업에 투자
	TIGER 탄소효율그린 뉴딜	376410	한국	2021. 02.05	탄소중립을 이행하고 환경을 고려하는 착한 기업, 경쟁력 있는 국내 기업에 가 중 투자
	TIGER Fn신재생에 너지	377990	한국	2021. 03.05	글로벌 경쟁력을 갖춘 국내 신재생에너 지 기업에 투자
	TIGER 차이나클린 에너지SOLACTIVE	396510	한국	2021. 08.10	신재생에너지 산업을 선도하는 중국 클 린 에너지 기업에 투자
	Global X CleanTech	CTEC	미국	2020. 10.27	환경오염을 억제, 방지, 개선할 수 있는 다양한 글로벌 혁신기업 기업에 투자
	Glboal X Clean Water	AQWA	미국	2021. 04.12	글로벌 클린워터 기술 및 공급 관련 기업 에 투자
	Global X Wind Energy	WNDY	미국	2021. 09.09	시스템, 생산, 기술 등 풍력에너지 관련 글로벌 기업에 투자
	Global X Solar	RAYS	미국	2021. 09.09	소재, 부품, 생산, 기술, 설치 및 유지관 리 등 태양광 에너지 관련 글로벌 기업에 투자
ESG와 신재생 에너지	Global X Hydrogen	HYDR	미국	2021. 07.14	수소 생산 및 수소 재생에너지 관련 글로 벌 기업에 투자
	Global X Renewable Energy Producers	RNRG	미국	2015. 05.27	글로벌 신재생에너지 생산 관련 기업에 투자
	Global X China Clean Energy	2809, 9809	홍콩	2020. 06.17	클린에너지 분야 선두주자인 중국의 클 린에너지 기업에 투자. 홍콩 및 미국 달 러로 거래 가능
	Global X Clean Tech ESG Japan	2637	일본	2021. 03.31	에너지효율, 신재생에너지, 환경오염 등 클린테크 관련 일본 종목에 투자
암호 화폐와 블록체인	Global X Blockchain	BKCH	미국	2021. 07.14	블록체인 및 디지털 자산 시장의 성장과 발전에 수혜가 예상되는 글로벌 기업에 투자
	Horizons Big Data & Hardware Index	HBGD	캐나다	2018. 06.21	블록체인과 같은 데이터 개발, 저장 및 관리 산업과 관련된 글로벌 기업에 투자

테마	종목명	티커 (상장코드)	상장 국가	상장일	주요특징
암호 화폐와 블록체인	Betapro Bitcoin	HBIT	캐나다	2021. 04.15	CME 비트코인 선물지수 일간수익률의 1배 추종
	Betapro Inverse Bitcoin	BITI	캐나다	2021. 04.15	CME 비트코인 선물지수 일간수익률의 −1배 추종

PART 4

ETF,
연금계좌에서 활용하면
더욱 좋다!

01

'연금투자'는
왜 필요한가

개인투자자들의 ETF에 대한 관심은 연금계좌 내에서도 그대로 이어지고 있다. 개인연금을 비롯해 DC 및 IRP 같은 퇴직연금 계좌에서도 ETF에 투자할 수 있기 때문이다.

2020년은 코로나19로 촉발된 초저금리, 높은 유동성과 시장의 변동성 확대로 말미암아 주식 시장에서 개인투자자들의 직접투자가 폭발적으로 늘었다. KOSPI 시장 내 개인투자자 비중은 2019년 말 47.6%에서 2020년 말 65.9%로 증가했다. 같은 일이 ETF 시장에서도 발생했다. 개인들의 ETF 투자자금이 큰 폭으로 늘어난 것이다. ETF 시장 전체적으로도 주식처럼 거래가 가능하고 상품라인업이 다양한 점 등

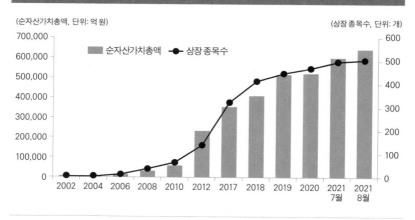

ETF 시장 순자산총액 및 종목수 추이

(순자산가치총액, 단위: 억 원)   (상장 종목수, 단위: 개)

■ 순자산가치총액   ● 상장 종목수

출처: 한국거래소

의 장점을 바탕으로 성장 기조를 이어가고 있다. ETF 시장의 순자산 총액은 2021년 5월 20일 기준 최초로 60조 원을 돌파하기도 했다.

한국거래소에 따르면 2019년말 기준 개인투자자의 ETF 활동계 좌 수는 26만 계좌에 불과했다. 코로나19 사태로 증시가 급락했던 2020년 3월부터 활동 계좌수가 급증하기 시작해 4월에는 80만 개에 이르렀다. 계좌 수와 함께 ETF 투자잔고도 크게 늘어, 2019년 말 5조 3천억 원 수준에서 5월 말에는 10조 원에 육박했다. 이후에는 공식 집 계가 없어 정확한 숫자는 확인이 불가하지만 꾸준히 늘어왔을 것이라 고 예상할 수 있다. 이와 더불어 ETF 일평균 거래대금 또한 매년 꾸 준히 높아지고 있어, 2020년에는 3조 8,433억 원으로 직전 연도 1조 3,332억 원 대비 3배 가까이 늘었다.

이런 현상과 맞물려 연금계좌 내 ETF 투자잔고도 급증하고 있다. 연금 활용도가 높은 주요 증권사 일곱 군데의 연금계좌 내 ETF 잔고를 살펴보면 2019년 말에는 4,500억 원 수준이었으나 2020년 말에는 2조 원을 넘어섰고, 2021년 6월 말 기준으로는 4.5조 원이 훌쩍 넘는 것으로 파악된다. 물론 연금저축과 퇴직연금 시장 전체 규모가 400조 원 이상인 것을 감안하면 ETF 투자금액이 미미한 수준이지만, 증가속도를 보면 향후 성장가능성이 높게 점쳐지는 대목이다.

연금의 중요성은 굳이 강조하지 않아도 누구나가 아는 사실이다. 이는 은퇴 후에도 회사에 다닐 때처럼 월급과 같이 돈을 받을 수 있을까 하는 고민과 연결된다. 회사에서 받는 월급이 아니더라도 각종 연금과 금융상품을 활용하면 정기적인 현금흐름을 만들 수 있다.

연금계좌의 절세 효과

연금 투자의 매력은 무엇보다 절세에서 찾을 수 있다. 연금계좌는 현존하는 금융상품 중 세제 혜택이 가장 큰 상품이기 때문이다. 일단 연금저축과 IRP를 합쳐 연간 1,800만 원까지 납입이 가능한데, 이중 연간 최대 700만 원(만50세 이상은 900만 원)까지 세액공제를 받을 수 있다. 예를 들어 직장인으로서 기존에 연금저축계좌만 가지고 있어 400만 원(고소득자일 경우 300만 원)까지 세액공제를 받을 수 있었다면,

여기에 IRP를 추가로 가입함으로써 공제 혜택을 늘릴 수 있게 된다. 연간 총 700만 원을 저축할 계획이라면 연금저축에 최대 300만 원 혹은 400만 원을 저축하고, 나머지는 IRP에 저축하는 것이 공제 혜택을 극대화하는 방법이다. 한편 50대 직장인은 총 급여가 1억 2,000만 원(종합소득 1억 원) 이하인 경우에 한해 2020년부터 2022년까지 3년간 연 200만 원씩을 더 공제받을 수 있다.

세액공제율은 세액공제 대상 금액으로부터 세금 환급액을 정하는 비율이다. 총급여가 5,500만 원 또는 종합소득금액이 4,000만 원 이하라면 세액공제율은 16.5%이며, 총급여가 5,500만 원을 넘어선다면 13.2%의 세액공제율이 적용된다. 16.5%의 세액공제율이 적용되는 근로자의 세액공제 대상 금액이 700만 원이면 연말정산 시 115만 5,000원의 세금을 돌려받을 수 있게 되는 것이다. 세제 혜택이 이것만 있는 것은 아니다.

먼저 과세이연 효과가 있다. 일반 계좌에서는 투자상품에서 이자와 배당 수익을 발생하면 즉시 과세하지만 연금계좌에서는 이자와 배당 소득이 발생하더라도 이를 인출할 때까지 과세하지 않기 때문이다. 그렇기에 금융소득종합과세에 대한 걱정도 필요가 없어진다. 그리고 운용기간 중에 발생한 이익과 손실을 통산해주기 때문에, 그렇지 않은 일반 증권계좌에서 거래할 때보다 세 부담이 줄어든다.

연금계좌 적립금은 5년 이상 가입한 경우 만 55세 이후에 연금으로 수령할 수 있다. 이때 연금 수령한도 이내에서 인출한 연금소득에는

국내 주식형 ETF		
국내 주식에 투자하는 ETF		
	일반 계좌에서 거래할 때	연금계좌에서 거래할 때
매매차익	과세 제외	과세 이연
분배금	배당소득으로 15.4% 과세	과세 이연
인출할 때		연금으로 받으면 **연금소득세 3.3~5.5%** 연금 외 수령 시 **기타소득세 16.5%**

기타 ETF		
채권형 ETF, 해외 지수 ETF, 파생형 ETF, 상품 ETF		
	일반 계좌에서 거래할 때	연금계좌에서 거래할 때
매매차익	과표기준가격 차이와 실제 매매차익 중 적은 값에 대해 배당소득으로 **15.4% 과세**	과세 이연
분배금	배당소득으로 15.4% 과세	과세 이연
인출할 때		연금으로 받으면 **연금소득세 3.3~5.5%** 연금 외 수령 시 **기타소득세 16.5%**

※ 과세기준 및 과세방법은 향후 세법개정에 따라 변경될 수 있습니다.

낮은 세율(3.3~5.5%)의 연금소득세가 부과된다. 그리고 해당 연금소득 이 연간 1,200만 원만 넘지 않으면 더 내야할 세금은 없다. 만 55세가 되기 이전에 연금계좌를 해지하거나 연금 수령한도를 초과해서 인출 한 금액은 기타소득으로 보고 과세하게 된다.(연금 관련 세제는 소득세법

세제 관련			
구분	세액공제 한도		세액공제율 (지방소득세율 포함)
	만 50세 미만	만 50세 이상	
총급여 5,500만 원 이하 또는 종합소득금액 4,000만 원 이하	최대 400만 원(IRP 합산 최대 700만 원)	최대 600만 원(IRP 합산 최대 900만 원)	16.5%
총급여 1.2억 원 이하 또는 종합소득금액 1억 원 이하			13.2%
총급여 1.2억 원 초과 또는 종합소득금액 1억 원 초과	최대 300만 원 (IRP 합산 최대 700만 원)		132%

※ 만 50세 이상 세액공제 한도 확대는 2020년~2022년 限
※ 연금저축계좌 세제는 소득세법 등 관련 법령의 개정 등에 따라 변경될 수 있으니 유의하기 바랍니다.

등 관련 법령의 개정에 따라 변경될 수 있으니 유의하자.)

기타소득세율은 16.5%로 배당소득에 부과되는 세율(15.4%)보다 높다. 하지만 연금계좌에서 발생한 기타소득은 다른 소득과 분리해서 과세하기 때문에 금융소득 종합과세에 대한 걱정을 할 필요는 없다. 따라서 연금계좌를 잘 활용하면 세액공제, 과세이연, 손익통산, 저율과세, 금융소득 종합과세 회피 등 다양한 절세 혜택을 누리며 ETF에 투자할 수 있다.

장기투자 효과를 누려라

연금계좌를 통해 매월 일정금액을 ETF에 투자함으로써 평균비용

효과 등 장기투자 효과를 볼 수 있다. ETF는 운용보수가 매우 적고 거래가 자유로운 상품이기 때문에 일정한 주기마다 같은 금액으로 ETF를 매수하는 방법을 사용하면 몇 번의 클릭만으로 비싼 수수료를 지급하지 않으면서 적립식 펀드의 효과를 낼 수 있다. ETF의 저렴한 보수 효과로 인해 장기 투자하는 경우 복리효과에 의해 연금 수령 시 엄청난 수익률 차이가 나타날 수 있다.

연금계좌 내에서 ETF에 투자할 때 유의점도 있다. 일반 펀드투자와는 다르게 자동매수 시스템이 없다는 점이다. 일반 펀드를 연금계좌를 통해 매수할 때는 사전에 어떤 펀드에 얼마의 비율로 투자할 것인지 정해놓을 수 있다. 따라서 자동이체를 통해 적립식 투자를 하는 것처럼 월 부담금이 납입될 때 별도의 행동을 취하지 않아도 미리 지정한 펀드에 투자가 이뤄지게 된다. 하지만 ETF의 경우 이렇게 시스템으로 설정하는 것이 불가능해, 월 부담금이 납입되면 투자자가 스스로 시스템에서 ETF를 매수해야 한다. 매수 금액만 지정하면 되는 것이 아니라, 얼마의 가격으로 매수할 것인지도 정해서 주식처럼 매매해야 한다는 점도 주의할 사항이다.

02

개인연금, DC형, IRP,
이 3가지를 기억하라!

연금은 크게 공적연금인 국민연금, 회사에서 퇴직금 대신 가입하는 퇴직연금, 개인 스스로 가입하는 개인연금 등 3가지로 나눠볼 수 있다.

국민연금은 소위 '3층 연금'으로 불리는 노후 소득 체계에서 '1층'인 기본소득의 역할을 맡고 있다. 국민 모두가 필수적으로 갖추어야 하는 연금이라는 의미다. 국민연금은 가입자의 상황과 필요에 맞게 노령연금 외에 장애연금과 유족연금 등으로 구성돼 각자의 은퇴 계획과 시기에 따라 수급 시기를 조정할 수도 있다. 국민연금에 대해 궁금하다면 국민연금공단 홈페이지를 통해 나의 공적연금 수령시기와 연금액 등을 살펴볼 수 있다.

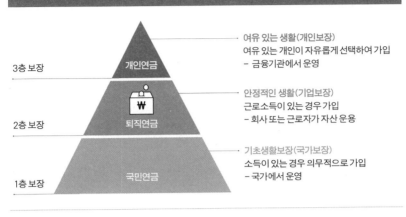

3층 연금구조		

3층 보장 — 개인연금 — 여유 있는 생활(개인보장)
여유 있는 개인이 자유롭게 선택하여 가입
– 금융기관에서 운영

2층 보장 — 퇴직연금 — 안정적인 생활(기업보장)
근로소득이 있는 경우 가입
– 회사 또는 근로자가 자산 운용

1층 보장 — 국민연금 — 기초생활보장(국가보장)
소득이 있는 경우 의무적으로 가입
– 국가에서 운영

출처: 고용노동부

기존의 퇴직금 제도는 회사가 근로자의 재직기간 동안 회사 내부적으로 계산해둔 퇴직금을 퇴직 시 일시금으로 주던 제도다. 2005년 12월부터 시행된 퇴직연금제도는 회사는 근로자의 재직기간 동안 금융기관에 퇴직금 재원을 적립하고, 근로자는 퇴직 시 금융기관으로부터 일시금 또는 연금을 선택해 받을 수 있는 제도다. 이를 통해 기존 퇴직금제도의 한계를 극복하고, 국민연금 및 개인연금과 더불어 3층 보장체계로 강화해 안정적인 노후생활을 대비할 수 있게 된 것이다.

한편 퇴직연금은 근로자나 기업 모두가 윈윈(Win-Win)할 수 있는 제도다. 가장 중요한 점은 근로자에게 퇴직금의 지급받을 권리인 수급권을 보장하는 것이다. 동시에 퇴직금 운용으로 제도 선택에 따라 추가 수익 및 세제혜택도 누릴 수 있어 보다 든든한 노후를 준비할 수 있도록 해준다. 또한 회사를 옮기더라도 개인형 퇴직연금제도(IRP)를 통해 퇴직급여를 계속 적립하고 55세 이후 연금으로 수령해 다양한 노후 설계를 할 수 있다. 세제혜택도 빼놓을 수 없다.

사용자인 회사 입장에서도 퇴직연금 덕분에 변화하는 인사제도에 대응하기 용이하다. 확정기여형(DC) 퇴직연금의 경우 매년 임금 총액의 12분의 1 이상의 금액을 적립하는데, 성과연봉제, 임금피크제 등 임금체계의 변화에 맞춰 퇴직급여 수준이 변하므로 유연한 대응이 가능하다. 또 정기적으로 부담금을 납부해 퇴직급여에 대한 비용부담이 평준화되고, 부채비율 감소로 재무구조 개선에도 긍정적이다. 법인세법상 비용으로 인정되어 납입한 부담금에 대한 법인세(사업소득세) 절감 효과도 있다.

회사와 근로자는 퇴직금 제도와 DB형, DC형 중 하나 이상을 설정해야 하며 양측의 협의 하에 복수의 제도를 동시에 설정할 수도 있다.

여기에서 주목할 것은 본인의 회사에서 DC형 퇴직연금을 도입하고 있는 경우와 근로자가 추가적으로 개인형퇴직연금인 IRP에 가입했을 경우의 운용방법이다. DB형과 달리 본인이 자금 운용의 주체가 되기 때문에 운용할 금융상품을 선택해야 한다.

투자가능한 상품은 정기예금이나 ELB와 같은 원리금 보장 상품과 펀드 및 ETF 같은 실적 배당 상품으로 나뉜다. 정기예금은 원금손실 위험은 없지만, 지금과 같은 0%대 금리에선 물가나 임금상승률을 따라가지 못할 가능성이 크다. 반면 펀드, ETF 같은 실적 배당 상품의

	퇴직금제도	퇴직연금제도	
	기존 퇴직금제도	확정급여형(DB) 제도	확정기여행(DC) 제도
관리주체	회사		근로자
부담금 납입	–	회사	
퇴직급여	확정 (평균임금×근속년수)		변동 회사가 납입해주는 금액 ± 운용이익/손실
수령방법	일시금	일시금 또는 연금 (IRP를 통하여 55세 이후)	
제도전환	–	DC 전환 가능	DB 전환 가능
중도인출	법정사유 有 → 중산정산 가능	불가	법정사유 有 → 중도인출가능
추가납입	불가	IRP 통해서 가능 (연간 700만 원 한도 납입액 13.2% 세액공제)	가능 (연간 700만 원 한도 납입액의 13.2% 세액공제)

※ DC중도인출 사유: 무주택자의 주택구입, 주택임차보증금(전세금) / 본인 및 배우자, 부양가족의 6개월 이상 요양 / 최근 5년 이내 개인회생 또는 개인파산 결정 / 그 밖의 천재지변

경우 단기적으로 주가 등락에 따른 손실을 볼 수 있지만, 장기적으로는 상대적으로 높은 수익을 기대할 수 있다.

한편 개인연금은 안정적인 노후생활 준비를 위해 개인이 자발적으로 일정 금액을 적립하는 것으로 연금저축계좌가 대표적이다. 납입시점에는 세액공제 혜택을, 납입기간 내내 과세이연 효과를, 연금 수령시점에는 일정 요건 충족 시 저율 과세를 적용받는 등 일반계좌에서 투자할 때보다 세제 측면에서 장점이 크다. 또한 주식, 채권, 원자재, 부동산, 글로벌 등 다양한 투자상품을 담을 수 있다. 분산투자, 위험분산, 단일상품 리스크 회피가 가능하도록 자유롭게 투자비율 변경을 통해 본인에게 맞는 포트폴리오 구성이 가능하다. 은퇴와 같은 목표

시점에 맞춰 알아서 운용되는 TDF를 비롯해 다양한 ETF가 그 대상이다.

개인/퇴직연금제도 알아보기

퇴직연금은 산정방법에 따라 DB(Defined Benefits, 확정급여형)와 DC(Defined Contribution, 확정기여형)로 나뉜다. DB형은 근로자가 퇴직할 때 받을 퇴직급여가 사전에 확정된 퇴직연금제도다. 사용자가 매년 부담금을 금융회사에 적립하여 책임지고 운용하며, 근로자는 운용 결과와 관계없이 사전에 정해진 수준의 퇴직급여를 수령하게 된다. 근로자는 퇴직 이전 30일 평균임금에 '계속근로기간'을 곱한 금액을 퇴직급여로 받는다. 평균임금은 퇴직 직전 3개월 동안 수령한 급여를 해당

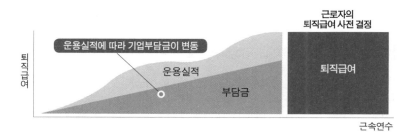

회사 DB적립의무	DB적립금 운용주체
DB퇴직급여 기준 2019~2020년 90% 2021년 이후 100% 납입	회사

기간 동안 근무일수로 나눠서 계산한다. 따라서 퇴직 전 급여가 높아야 퇴직 급여를 많이 받을 수 있는 만큼, 높은 평균 임금상승률은 퇴직급여를 결정하는 데 핵심 요소가 된다.

DC형의 경우 회사가 근로자의 퇴직연금 계좌에 정기적으로 부담금을 납입하면, 근로자가 이를 직접 운용해 퇴직할 때 퇴직급여로 수령하는 퇴직연금제도다. 매년 연간 임금 총액의 12분의 1 이상을 납입하며, 근로자 본인의 추가 부담금 납입도 가능하다. 근로자는 사용자가 납입한 부담금과 운용손익을 최종 급여로 지급받게 된다. 연봉 수준과 근로기간이 비슷하더라도 이체된 자금을 어떻게 운용하느냐에 따라 퇴직급여는 크게 달라질 수 있다.

개인형 퇴직연금(IRP, Indivisual Retirement Pension)은 근로자가 재직 중에 자율로 가입하거나 퇴직 시 받은 퇴직급여를 계속해서 운용할 수 있는 퇴직연금제도다. 퇴직연금 또는 퇴직금제도에 가입된 근로자

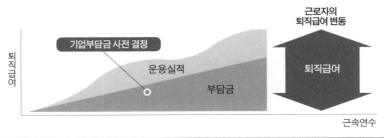

회사 DC 납입의무	DC적립금 운용주체
연간 임금총액의 12분의 1 이상 납입	근로자

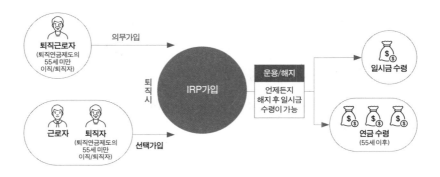

나 퇴직한 근로자가 기본적으로 가입할 수 있다. 재직 중에는 가입자 부담금 및 중간정산금 등의 여유자금으로 추가 납입하고, 퇴직 시에는 근로자가 퇴직으로 수령한 퇴직급여를 바로 사용하지 않고 보관 및 운용하다가 연금 또는 일시금으로 수령할 수 있는 일종의 퇴직급여 통합계좌라고 할 수 있다.

원칙적으로 DB형이든 DC형이든 퇴직연금제도를 통해 퇴직급여를 수령하는 경우에는 IRP를 통하는 것이 의무사항이다. 예외적으로 만 55세 이후 퇴직하거나 퇴직급여액이 300만 원 이하인 경우에는 일반계좌로도 수령할 수 있다. 퇴직급여를 일시금으로 받거나 중간정산해 수령하는 경우에는 자율적으로 가입할 수 있고, 퇴직급여 수령 방식과 무관하게 IRP를 통한 추가부담금 납부도 가능하다. 가입 대상도 확대되어 2017년 7월 26일부터는 소득이 있는 모든 취업자가 가입이 가능하다. 자영업자를 비롯한 공무원, 군인, 사립학교 교사, 우체국 직원 같은 특수직역연금 가입자도 가입이 가능한 것이다.

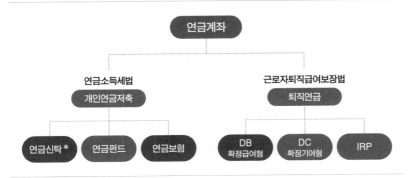

※연금저축신탁은 2018년부터 판매 중지

　개인연금 제도인 연금저축계좌는 안정적인 노후생활 준비를 위해
개인이 자발적으로 일정 금액을 적립하는 저축계좌를 말한다. 과거
2000년까지 가입 가능했던 구개인연금(개인연금투자신탁)은 신규 가입
은 불가능하나 계약이전제도를 통해 기존 개인연금 가입자가 다른 금
융기관을 선택해 상품을 이전할 수 있다.

03

연금계좌에서 투자할 수 있는 ETF는 따로 있다

지금까지 연금투자의 필요성, 연금제도에 대한 설명, 연금계좌에서 ETF를 활용할 때의 장점 등에 대해 살펴봤다. 그럼 여기에서 한 가지 질문이 떠오른다. 거래소에 상장된 모든 ETF에 투자할 수 있을까? 아니다. 연금계좌별로 약간의 투자 가능한 ETF 종류의 차이가 있다. 물론 ETF는 증권사를 통해서만 거래할 수 있기 때문에 은행이나 보험사에서 연금저축과 퇴직연금 계좌를 가지고 있는 사람은 증권사로 해당 계좌를 이전해야 연금계좌로 ETF 투자를 할 수 있다.

일단 연금계좌의 목적에 대해 생각해본다면 쉽게 이해할 수 있다. 앞서 살펴본 바와 같이, 연금은 노후에 근로소득이 끊겼을 때 가계에 현금흐름을 가져다줄 수 있는 소위 말하는 '돈줄'이기 때문에 다른 일반적인 투자보다 안정적으로 운용할 필요가 있다. 여기서 안정적이라는 의미는 예금 같은 원리금 보장형 상품이나 확정금리 상품 같은 것을 의미하는 것은 아니다.

물론 투자자의 위험 성향에 따라 해당 상품에 투자할 수도 있겠지만, 기본적으로 연금계좌 내 투자도 미래에 물가상승을 헤지할 수 있는 수준의 수익은 발생해야 하기 때문이다. 물가 상승률보다 낮은 수익이 발생하는 연금계좌라면 연금 수령 시 실제 수익률은 마이너스일 가능성이 높다.

연금저축과 퇴직연금 가입자 모두 레버리지나 인버스 ETF에는 투자할 수는 없다. 퇴직연금 가입자는 몇 가지 제약이 더 따른다. 일단 DC와 IRP 계좌 적립금 중 70% 이하만 위험자산에 투자할 수 있다. 주식비중이 40%가 넘는 ETF는 위험자산에 해당된다.

따라서 주식형 ETF에 적립금 중 70%를 투자했으면, 나머지 30%는 채권형 ETF에 투자하면 된다. 그리고 퇴직연금에서는 파생상품을 활용한 원자재 ETF에도 투자할 수 없다. 금·은·원유 ETF 등이 여기에 해당한다.

비과세 및 분리과세 혜택 주는 ISA도 고려하자

ISA는 Individual Savings Account(개인종합자산관리계좌)의 약자로 하나의 계좌로 다양한 금융상품에 투자하면서 절세혜택까지 누릴 수 있는 계좌다. 크게 투자자가 직접 투자상품을 선택하는 '투자중개형' 및 '신탁형'과 투자전문가가 대신 운용하는 '일임형'으로 구분된다.

신탁형은 투자자가 직접 상품 운용에 대한 지시를 내려야 한다. 상품 편입과 교체 시 투자자의 지시가 필수로 금융회사가 포트폴리오를 제시하는 것이 금지된다.

반면 일임형은 투자자의 구체적 운용 지시 없이 투자 성향에 맞게 제안된 포트폴리오 투자안에 따라 운용하게 된다. 신탁형, 일임형 등 기존 ISA에 편입 가능한 상품은 ETF와 리츠를 포함한 펀드, ELS 등의 파생결합증권, 예·적금 등이다.

투자자들의 요구를 반영해 2021년 초에 국내 상장주식에 투자가 가

ISA의 3가지 유형			
구분	선택형 ISA	일임형 ISA	투자중개형 ISA
특징	구체적 운용지시 필수→ 투자자별 맞춤형 상품	구체적 운용지시 없어도 가입 가능→ 전문가에 의해 설계된 상품	투자중개업자의 위탁계좌 형태→ 투자자 직접 운용 상품
모델포트폴리오 제시	금지 (별도 자문 형태로는 가능)	허용	–
편입상품 교체	투자자 지시 필수	일임업자에 위임 가능	–

능한 투자중개형 ISA가 처음으로 출시되면서 관심이 높아지고 있다. 많은 증권사에서 모바일을 통한 비대면 계좌개설을 가능하게 하면서 신규 가입이 훨씬 수월해진 측면도 있다. ISA 계좌이전제도를 잘 활용하면 신탁형, 일임형, 투자중개형 간에 세제 상의 불이익 없이 변경도 가능하다.

ISA는 일부 수익금에 대한 비과세와 저율 분리과세 혜택이 주어진다. 계좌에서 발생한 운용수익에 대해 계좌 내 손익을 통산해 순이익을 기준으로 과세하는데, 일반 가입자는 200만 원, 서민형·농어민 가입자는 400만 원이 비과세된다. 비과세 금액이 초과되는 금액에 대해서는 9.9%의 세율로 분리과세한다.

의무 가입 기간은 3년으로 만기 후 60일 이내 투자금을 연금계좌로 이전하면, 납입액의 10%(300만 원 한도)까지 추가 세액공제 혜택을 받을 수 있다.

무엇보다 ISA 계좌의 장점은 투자한 다양한 상품 중 손실분은 다른 상품의 투자수익과 상계가 가능해, 일반계좌 대비 세금을 줄일 수 있다는 점이다.

ISA 계좌의 납입한도는 연간 2천만 원이지만 당해년도 사용하지 않은 한도는 다음 해로 이월해 최대 1억 원까지 납입이 가능하다. 다만 1인 1계좌만 개설이 가능하고, 총 납입한도는 소득공제 장기펀드 및 재형저축 납입액을 합산한 액수 기준이다.

절세형 계좌에서 ETF 투자하기

거래할 나의 연금 계좌 찾기

개인투자자가 ETF를 거래할 수 있는 연금계좌는 총 3가지로 IRP, DC, 개인연금계좌다. 여기에 연금 계좌는 아니지만 세제혜택을 제공하고 있는 ISA계좌까지 더하면, 일반계좌 외에도 총 4가지 계좌에서 ETF를 활용할 수 있다.

근로자라면, 나의 회사가 DC에 가입되어 있는지 DB제도에 가입되어 있는지 확인이 먼저다. 회사에서는 의무적으로 DB(Defined Benefits, 확정급여형)나 DC(Defined Contribution, 확정기여형)를 택하도록 되어 있는데, 근로자가 직접 자신의 퇴직금을 운용할 수 있는 DC 가

ETF로 거래할 수 있는 연금계좌			
구분	ISA(중개형)	개인연금	퇴직연금(DC/IRP)
투자가능 상품	ETF / 펀드 / 주식 / 예적금	ETF / 펀드	ETF / 펀드 / 예적금
위험자산 투자한도	없음	없음	위험자산 최대 70%
레버리지 / 인버스	가능	불가	불가
선물 투자 ETF	가능	가능	불가
합성형 ETF	가능	가능	가능(일부만)
상장인프라 / 리츠	가능	불가	가능
매매수수료	있음	있음	없음

입자라면 ETF 투자가 가능하기 때문이다.

우리나라의 경우, DC 적립금 대부분을 운용하지 않고 현금성 자산으로 두고 있는 투자자가 많으니. 이번 기회에 꼭 확인해보자. 금융감독원 연금포털시스템(https://100lifeplan.fss.or.kr) 사이트를 활용하면, 내가 가입되어 있는 연금을 통합해 볼 수 있다.

통합연금포털 사이트를 들어가면, 메인 화면 중앙에 '내 연금조회'

출처: 금융감독원 연금포털시스템

라는 버튼이 있다. 이 버튼을 누르거나, 메뉴에서 '연금 조회/재무설계 > 내 연금조회'를 클릭해도 확인 가능하다.

해당 버튼을 클릭하면 내가 가입되어 있는 모든 연금을 한눈에 볼 수 있다. 국민연금, DB 또는 DC, IRP 그리고 개인연금까지. 각 연금의 가입시기는 물론 해당 계좌를 만든 회사, 이를테면 미래에셋증권에서 개설한 IRP는 언제 가입했고, 적립금은 현재 얼마이고, 어떤 상품에 가입되어 있는지 등을 알 수 있다.

❶ 귀하가 근무 중인 회사가 퇴직연금제도를 도입하고 귀하가 DB형을 선택한 경우에만 금융회사가 조회됩니다.
자세한 내용은 재직 혹은 퇴사한 회사의 퇴직연금 담당자에게 문의하시기 바랍니다.

퇴직연금(DC, IRP)

퇴직연금제도 자세히 보기 >

가입회사	상품유형	상품명	가입일	연금개시 예정일	적립금(원)	조회기준일	비고
							계약상세
	개인 IRP형	현금성자산 외					계약상세
				적립금 합계금액			

개인연금

개인연금이란, 개인이 연금신탁·연금펀드·연금보험에 가입하면 각 상품의 특성에 따라 연금재원이 적립되어,
세법상 요건과 사전 약정 조건을 만족할 때 가입자에게 일시금 또는 연금으로 지급하는 제도를 뜻합니다.

가입회사	상품유형	상품명	가입일	연금개시 예정일	적립금(원)	조회기준일	비고
	연금저축펀드	ㅣ				2021/06/30	계약상세
				적립금 합계금액			

절세형 계좌가 없다면 개설해보자

절세혜택을 누릴 수 있는 다양한 계좌가 있는데 연금뿐만 아니라 최근 들어 절세형 계좌들이 다시금 주목받고 있다. ISA 계좌도 이중 하나다. ETF를 활용한 가장 쉬운 투자방법 중 하나는 '꾸준히, 조금씩 모아나가기'다. 연금이나 절세형 계좌가 ETF 투자에 가장 최적화된 이유다.

만약 연금이나 중개형 ISA 계좌가 없다면, 이 역시도 증권사에 내방하거나 비대면으로 개설 가능하다. 비대면으로 개설할 때는 앞서 언급한 일반계좌 개설 방법과 동일하다. 다만 단순 주식거래 가능 계좌가

아니라 '개인연금', '퇴직연금' 또는 '중개형 ISA' 계좌 등 원하는 계좌를 선택하면 된다.

혹시 '금융감독원 통합연금포털'에서 검색했을 때, 기억은 나지 않지만 예전에 개설해두었던 연금계좌가 검색되었다면 별도로 개설할 필요 없이 해당 계좌를 이용하면 된다.

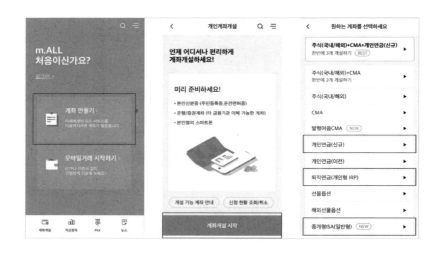

해당 계좌에서 거래하기

자신이 이용하는 증권사 어플리케이션을 보면 연금계좌에서 ETF를 주문할 수 있는 메뉴가 있다. 예를 들면, 금융상품 메뉴 내에 '연금/신탁형ISA 매매(리츠/ETF/ETN)'에 들어가면 된다.

해당 메뉴를 클릭하면 ETF 거래하기 방법에서 설명했던 화면과 동일한 화면이 뜬다. 여기부터는 동일하다. 매수하기, 매도하기 화면에서 원하는 수량만큼, 원하는 가격에 주문하면 된다.

이때 기억해야 할 점! '마음에 드는 ETF를 보유하고 있는 현금에서 최대한 다 사야지!'가 통하지 않을 수도 있다. 향후 언급할 퇴직연금 내에서는 위험자산을 70%까지만 운용 가능하다는 규정 때문이다. 따라서 해당 ETF에 대해서 더 면밀히 확인해보고 매수하자!

PART 5

ETF 투자자가
놓치기 쉬운 6가지

01

레버리지/인버스 ETF와
마이너스 복리효과

레버리지/인버스2X ETF는 국내 개인투자자들이 가장 많이 투자하는 ETF 중 하나이며, ETF 규모 면에서도 국내에서 순위권 안에 들 정도로 큰 비중을 차지하고 있다. 그만큼 일간 거래량도 많고, ETF를 잘 모르는 투자자도 레버리지/인버스2X ETF에는 익숙한 경우가 많다.

레버리지/인버스2X ETF라는 상품을 처음 매수하는 대부분의 투자자가 기대하는 것은 '내가 오늘 사서 한 달 후에 지수가 10% 오르면, 내 레버리지 ETF는 20% 수익률이 되어 있겠지?'라는 것이다. 그러나 이렇게 생각하고 투자한 사람이 한 달 후에 받아보는 투자 성적표는, 대부분 기대와는 다른 아쉬운 수익률이다. 왜 이런 일이 벌어지는 것일까?

코스피200과 레버리지 ETF의 수익률 차이				
일자	코스피200	레버리지ETF	코스피200 지수 수익률 (%)	레버리지 ETF 수익률 (%)
0	100	100	0	0
1	110	120	10	20
2	99	96	−10	−20
3	109	115	10	20
4	98	92	−10	−20

그 이유는 레버리지와 인버스2X ETF는 '일간' 수익률의 배수를 추종하는 ETF이기 때문이다. 이 ETF들은 투자 기간 기초지수 수익률의 2배수가 아니라, 매일 변동하는 기초지수 수익률의 2배를 추종한다. 코스피200과 코스피200 레버리지 ETF를 예로 들어보자.

위의 표를 보자. 코스피200이 첫날 10% 오르고, 그다음 날 10% 하락하면, 이틀 동안 코스피200은 원금 대비 약 99%의 금액이 남는다. 그러나 코스피200의 레버리지 ETF인 TIGER 레버리지의 수익률은 원금 대비 96%로, 이틀 만에 −4%의 수익률을 기록하게 된다. 3%의 수익률 차이가 발생하게 되는 것이다. 이후 10% 상승, 10% 하락을 반복하면, 점차 그 차이가 커진다.

기초지수 수익률의 2배수를 매일 반영하여 산출되는 레버리지 ETF는, 투자자가 기대했던 기간 수익률의 2배와는 차이가 나게 된다. 박스권 장세에서는 이 수익률 차이가 더욱 벌어지는데, 이를 그래프로 나

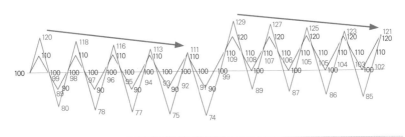

10% 상승과 하락을 반복하는 그래프

─지수 ─레버리지

타내면 위와 같다.

이러한 현상을 '음의(-) 복리효과'라고도 하는데, 이 현상은 우리가 익히 들어본 복리효과와 비슷한 성격을 가지고 있기 때문이다. 다시 말해, 기간이 길어지면 길어질수록 그 효과가 점차 크게 나타난다.

실제 사례도 참고해보자. 2021년 연초부터 5월 25일까지 코스피200 지수는 약 9.01% 상승했다. 코스피200 지수의 일간 수익률 2배를 추종하는 레버리지 ETF는 같은 기간 동안 16.97% 상승했다. 9.01%의 2배인 18.02% 대비 약 1.04% 차이가 난다. 이 차이는 기간이 늘어날수록 더 벌어지며, 특히 지수의 상승과 하락이 반복되는 박스권 장세에서 더욱 크게 반영된다.

바로 이런 특성 때문에, 레버리지/인버스2X ETF는 반드시 단기투자하고, 리스크가 큰 상품인 만큼 투자금액 배분에 신경 써야 한다.

인버스 ETF 투자자가 되려면

다른 ETF들과 다르게 레버리지/인버스2X ETF는 처음 매수할 때 매수 주문이 들어가지 않을 것이다. 당황한 투자자들은 문제를 해결하고자 증권사 고객센터에 전화를 할 텐데, 이런 답변을 들을 것이다.

"고객님, 레버리지 ETF를 매매하시려면 별도의 교육을 듣고 교육 이수를 하셔야 합니다."

2020년에 ETF 투자자라면 기억할 만한 변화가 있었다. 금융위원회에서 2020년 5월 「ETF/ETN 시장 건전화 방안」이라는 내용을 발표했다. 앞으로 레버리지 ETF/ETN을 투자하려는 투자자들은 거래하기전 사전교육을 이수해야 하고, 매수 주문을 할 때 '기본예탁금 적용기준'을 충족시켜야 한다는 것이다. 따라서 레버리지/인버스2X ETF 매매를 위해서는 온라인 사전교육(한 시간 내외)을 받아야 하며, 기본예탁금 1,000만 원이 있어야 한다. 온라인 사전교육 청취 후에는 수료증 번호를 등록하는 절차까지 완료해야 매매가 가능하다.

사전 교육 이수 방법은 다음과 같다.

(1) 금융투자교육원 홈페이지 접속(https://www.kifin.or.kr)
먼저, 금융투자교육원 홈페이지에 접속하면, 메인화면에 '레버리지 ETF.ETN 투자자 사전교육'이라는 화면이 뜬다.

만약 홈페이지 접속 시 메인 화면에 '레버리지 ETF/ETN 투자자 사전교육' 이미지가 뜨지 않는다면, 메뉴에서 '이러닝 〉 과정검색 및 신청'을 클릭하면 직접 검색도 가능하다.

강의명은 '한눈에 알아보는 레버리지 ETP(ETF/ETN) Guide'이니, 검색해서 수강신청을 해도 된다.

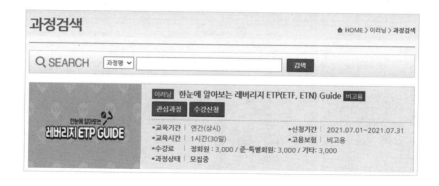

(2) 레버리지 ETF/ETN 투자자 사전교육 수강

해당 강의는 1시간 정도의 인터넷 강의로 ETF/ETN 상품의 개요, 특성, 거래방법 그리고 ETF/ETN 상품의 위험 등에 대하여 소개하고 있다. 해당 강의를 모두 수료하게 되면, 학습 완료 이후 1시간 이내 자동 수료 처리가 되며, 수료 여부는 제일 상단 수료증란에서 클릭하여, 확인가능하다.

(3) 수료번호 확인하고 증권사에 교육이수번호 등록하기

수료증 화면으로 들어가면 수료번호를 확인할 수 있는데, 수료번호가 확인되면, 거래하는 증권사에 교육이수번호를 입력하면 된다.

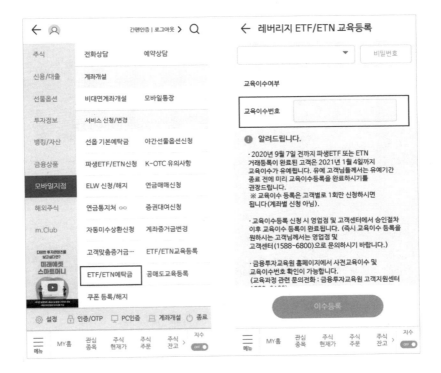

(4) 나의 예탁금 확인하기

교육이수번호까지 등록했다면 이제 마지막 단계다. 레버리지 ETF/ETN은 기본예탁금이 있어야 하는데, 교육이수번호를 등록해둔 나의 계좌에 나에게 맞는 단계에 따른 기본예탁금을 예치하면 이제 모든 거래 준비가 끝난다.

구분	기본예탁금	적용기준	유지조건
1단계 (완화)	면제	①&②모두 충족 ①레버리지 ETF/ETN 매수합산금액 직전 3개월 3천만 원 이상 ②당사 고객 등급(블루) 이상	아래 조건 모두 충족 ①현금미수 반대매매 월 1회 이하 ②현금미수 반대매매 합산금액 월 1,000만 원 이하 ③신용불량 및 공공기록 계좌로 미지정 ※신용불량 및 공공기록인 경우 3단계 적용
	500만 원	①or②어느 하나를 충족 ①레버리지 ETF/ETN 매수합산금액 직전 3개월 3천만 원 이상 ②당사 고객 등급(블루) 이상	
2단계 (기본)	1,000만 원	①or②어느 하나에 해당 ①레버리지 ETF·ETN 최초 거래시 ②1·3단계 미해당	최초 거래 시 거래등록일로부터 90일 의무적용
3단계 (강화)	2,000만 원	신용불량, 공공기록 등 고객 위험 관리 필요시	사유 해제 시 등급 재조정

202

02

내 원자재 ETF
가치가 변한다?

원유, 금, 구리 등 우리가 일반적으로 '원자재'로 통칭해서 부르는 상
품들은 대부분 실물로 투자하지 않는다는 특징을 가지고 있다. 실물
은 보관 및 운반의 어려움이 존재하고, 그에 따른 부대 비용이 발생하
기 때문이다. 그러다 보니 원자재에 투자하고 싶은 투자자들은 대안으
로 ETF와 같은 간접투자상품을 찾는다.

그러나 원자재 관련 ETF들이 추종하는 기초지수는 대부분 원자재
'선물'의 가격을 추종하고 있으며, 이로 인해 실제 원자재 현물과 차이
가 몇 가지 있다.

우선 원자재 현물과, 선물의 가격 차이가 있다는 점이다. 원자재 선

CRUDE OIL 선물 - 호가
Globex

✔ GLOBEX 선물   GLOBEX 옵션   자동 업데이트 ○

시세가 최소 10분 정도 지연됩니다

CME 그룹 웹사이트 내의 모든 데이터는 참고용으로만 받아들여져야 하며 실시간 시장데이터 전송의 검증이나 보완으로서 받아들여져서는 안됩니다.

품목	옵션	차트	최종	변동	전일 결제	시가	고가	저가	거래량	업데이트
SEP 2021	OPT	.il	73.08	+0.69	72.39	72.40	73.11	72.26	31,466	02:21:53 CT 29 Jul 2021
OCT 2021	OPT	.il	72.45	+0.66	71.79	71.80	72.49	71.66	4,564	02:21:04 CT 29 Jul 2021
NOV 2021	OPT	.il	71.66	+0.64	71.02	71.03	71.66	70.89	702	02:20:33 CT 29 Jul 2021
DEC 2021	OPT	.il	70.79	+0.62	70.17	70.19	70.82	70.03	2,767	02:21:53 CT 29 Jul 2021
JAN 2022	OPT	.il	69.99	+0.58	69.41	69.36	70.00	69.31	474	02:19:53 CT 29 Jul 2021
FEB 2022	OPT	.il	69.32	+0.60	68.72	68.73	69.32	68.73	320	02:19:50 CT 29 Jul 2021

출처: CME Group

물은 그 해당 원자재를 지금 바로 사는 것이 아닌, 미래의 특정 시점에 인수받는 계약이다. 그러다 보니 시간의 가치가 원자재 선물에는 포함되어 있다. 따라서 원자재 현물가격과 선물의 가격은 차이를 보인다.

두 번째는 원자재 선물들은 만기가 있다는 점이다. 원자재별로 차이는 있지만, 1개월 단위, 3개월 단위 등 다양한 만기를 가진 선물들이 존재하며, 만기별로 선물들의 가격 또한 차이가 난다. 일반적으로 만기가 더 긴 선물(이를 '원월물'이라고 한다)이 만기가 짧은 선물(이를 '근월물'이라고 한다)보다 비싼 편이다.

이러한 차이점 때문에 원자재 선물 ETF 투자 시 조심해야 하는, 예상치 못한 변화가 발생한다.

원유선물 ETF 가격이 내 예상과 다르게 흘러가는 이유는?

원유선물 ETF 투자 시 내가 예상하지 못한 가격의 움직임을 보이는 이유를 이야기하기 위해서는 먼저 '롤오버(roll over)'의 개념부터 알아야 한다. 롤오버의 사전적 정의를 보면, 선물이나 옵션포지션 보유자가 만기가 도래하는 계약을 만기가 남아 있는 다른 종목(원월물 등)으로 교체함으로써 사실상 포지션을 이월하는 것을 말한다. 예를 들면, 코스피200 선물 9월물 100계약을 보유하고 있는 투자자가 9월물 만기일을 맞아 기존 9월물을 전량 매도하는 동시에 원월물인 12월물을 100계약 매수하게 되면, 선물을 계속 보유하게 되는 결과를 갖게 되는데 이를 롤오버라 한다(금융감독용어사전, 2011. 2).

원유선물 ETF도 '선물' 계약을 담고 있다. 그리고 앞서 이야기한 것처럼 선물 계약은 만기가 있다. 하지만 ETF에는 만기가 따로 없고 거래가 계속해서 이루어져야 하기 때문에 일정 기간마다 롤오버를 진행하게 된다(현재 국내에 상장되어 있는 원유선물 ETF는 매월 롤오버를 진행한다). 이 롤오버 진행 과정에서 원래 보유하고 있던 선물을 매도하고, 새로운 선물을 매수한다. 매도하는 선물과 매수하는 선물의 가격이 같

선물 만기에 따른 투자성과 차이					
구분	1월 만기 선물	2월 만기 선물	3월 만기 선물	롤오버 효과 반영 시	롤오버 효과 미반영 시
매수가격	70(E)	80	90	총 손익 = **18.54** (A+B+C)	총 손익 = **30** (D-E)
보유 계약수	1계약	0.9375계약 (75/80)	0.8854계약 (79.6875/90)		
평가액	75.00	79.6875	88.5417		
투자성과 (이익/손실)	**5** (75-70)×1 (A)	**4.6875** (85-80)×0.9375 (B)	**8.854** (100-90)×0.8854 (C)		

다면 이슈가 되지 않겠지만, 원유 선물의 특징 중 하나인 '만기가 다른 선물은 (일반적으로) 가격이 다르다'라는 점에 주목해야 한다.

예를 들면, 현재 1월 만기 원유선물의 가격이 75달러인 1개의 원유 선물 ETF 계약을 가지고 있다고 가정해보자. 이후 80달러인 2월 만기 선물로 롤오버를 하게 되면, 75달러짜리를 팔고 80달러인 원유선물 계약을 매수해야 한다. 1개 계약의 가격이 비싸졌기 때문에, 1계약을 매도하고 그대로 1계약을 매수할 수 없게 된 것이다. 따라서 ETF는 0.9375개의 계약을 매수하게 된다. 이로 인해 ETF가 보유하고 있는 2월 만기 원유선물의 가격이 한 달동안 1달러가 오른다고 해도, ETF 의 실제 수익은 0.9375 달러일 것이다.

다음 달 선물 계약의 가격이 오르게 되면 다시 한 번 앞의 상황이 반복된다. 예시에 소개된 바와 같이 2월 만기 선물을 85달러에 매도 하고, 90달러인 3월 만기 선물을 매수하게 되면 계약수는 0.8854로 낮아지게 된다. 그 후 3월 만기 선물의 가격이 100달러로 상승해도

ETF가 가지고 있는 계약의 수가 줄어들었기 때문에, 70달러짜리 원유 선물이 100달러가 되었음에도 ETF의 실제 수익률은 30%가 아닌 18.54%가 되는 것이다. 이러한 비용을 보통 롤오버 비용(rollover cost)이라고 말한다.

이처럼 원유 및 원유 선물의 가격이 극단적으로 변화하는 경우가 많지는 않지만, 충분히 일어날 수 있는 상황이며, 과거 원유 가격의 급등락이 있을 때 자주 일어났던 상황이기도 하다. 따라서 원자재 ETF, 특히 원유 선물 ETF 매매 시에는 주의해야 한다.

원자재 ETF 매매 시 한 가지 더 주의할 점

원자재 ETF, 특히 원유선물 ETF 매매 시 주의할 점이 또 하나 더 있다. 각 ETF마다 롤오버를 하는 시점은 물론 ETF가 보유하고 있는 원유 선물의 만기 일자도 다르다는 점이다.

국내에서 대표적으로 거래되는 원유선물 ETF로는 TIGER 원유선물 Enhanced(H) ETF와 KODEX WTI원유선물(H) ETF가 있다. 두 ETF 모두 원유 선물로 구성되어 있는 ETF이다 보니, 동일한 ETF라고 착각할 수 있다. 그러나 두 ETF의 수익률이나 가격 변동을 보면 때때로 다른 모습을 볼 수 있다. 이러한 차이가 발생하는 이유는 두 ETF가 추종하는 기초지수가 다르며, 원유 선물을 구성하는 방식에서 차이가 있기 때문이다.

KODEX WTI원유선물(H) ETF는 매월 보유하고 있는 선물에서 차근월물로 롤오버를 진행한다. 즉 현재 가지고 있는 원유 선물에서 바로 다음 달 만기 선물로 롤오버를 진행한다고 이해하면 된다. 그러나 TIGER 원유선물Enhanced(H) ETF는 Enhanced라는 단어가 달린 만큼 방식이 조금 다르다. 그 방식을 간단히 정리해보면 다음과 같다.

① WTI원유선물의 최근월물과 차근월물의 가격차가 0.5% 미만인 경우 차근월물(2번째 근월물)로 롤오버

② WTI원유선물의 최근월물과 차근월물의 가격차가 0.5% 이상인 경우 발생시점에 따라 다음과 같이 롤 오버

⇒ 발생시점이 상반기(1월~6월)인 경우: 당해년도 12월물로 롤오버
⇒ 발생시점이 하반기(7월~12월)인 경우: 익년도 12월물로 롤오버

• 최근월물 : 현재 시점에서 만기도래가 가장 먼저 임박한 원유 선물
• 차월물: 최근월물 이후에 만기가 도래하는 원유 선물들을 통칭
• 차근월물: 차월물들 중 최근월물 후 최초로 만기가 도래하는 원유 선물

정리해보면, 롤오버 시점에서 만기가 가장 임박한 원유 선물과 그

다음 만기가 짧은 원유 선물의 가격 차이에 따라 롤오버 진행 시 구성하는 원유 선물이 달라진다고 보면 된다. 이러한 방식을 사용한 이유는, 원유 선물 가격의 변동성이 클 때는 그만큼 최근월물과 차근월물 간 가격 차이가 커지기 때문이다. 매월 롤오버를 하게 되면 원유가격 변동성이 큰 상황에서는 롤오버 비용이 그만큼 더 많이 발생할 수 있는데, 위와 같은 방식을 사용하게 되면 변동성이 큰 시점에 롤오버 횟수를 줄일 수 있다.

두 방식 모두 장단점이 있고, 시장 상황에 따라 보유하고 있는 원유 선물이 다르며, 그로 인해 성과도 차이가 날 수 있으니 주의가 필요하다. 특히 해외에 상장되어 있는 ETF 중에서는 만기가 다른 여러 개의 원유 선물을 섞어서 편입하거나 12개월 만기를 가진 원유 선물만 담고 있는 ETF도 있으니, 투자자가 원하는 형태로 운용되고 있는 ETF인지 확인할 필요가 있다.

03

해외 시장이 휴장인데
내 ETF 가격이 변하는 이유

해외 시장에 투자하는 ETF들, 예를 들면 나스닥100 ETF(애플, 구글, 마이크로소프트 등 주요 기술주가 포함되어 있는 나스닥100 지수 추종)를 매수하려고 HTS나 MTS에서 검색해보면 조금은 신기한 점을 발견할 수 있다. 분명 시차 때문에 미국 주식 시장은 거래가 되지 않고 있는데, ETF의 NAV도 계속 바뀌고, 거래되는 가격에 변동이 있다.

인터넷 검색창에 '미국 주식 거래 시간'을 검색해보면 한국 시간으로 저녁 늦은 시간부터 그다음 날 새벽까지인 것으로 나온다. 국내에서 ETF가 거래되는 시간과 겹치는 시간대가 전혀 없다. 그럼 투자자들과 LP들은 대체 무엇을 기준으로 거래하고 가격을 제시하는 것일까? 단

210

증시 거래시간	증시 휴장일	증시 폐장일·개장일	만기일

한국 외국

국가	현지 시간	한국 시간	GMT대비
미국	09:30~16:00	23:30~06:00	-5
일본	09:00~11:30, 12:30~15:00	09:00~11:30, 12:30~15:00	+9
중국	09:00~11:30, 13:00~15:00	10:30~12:30, 14:00~16:00	+8
홍콩	09:30~12:00, 13:00~16:00	10:30~13:00, 14:00~17:00	+8

출처: NAVER

순히 전날 미국 시장의 변화를 바탕으로 가격이 형성되는 걸까? 물론 전일자 미국 시장의 변화도 나스닥100 ETF 등 미국 시장 ETF의 가격에 영향을 준다. 이러한 변화는 보통 국내 장 개장 시점에 대부분이 반영된다.

미국 ETF를 포함하여 해외에 투자하는 ETF를 투자할 때 가장 먼저 유의해야 할 점은 바로 환헤지 여부다. 환헤지와 관련해서는 앞서 ETF 기초 설명에서 설명하였지만, 다시금 강조해도 부족하지 않은 부분이다. 환율은 장 중에도 실시간에 변하므로, 그 변화가 ETF의 가격에도 바로바로 반영된다. 그로 인해 때때로 ETF가 추종하는 기초지수는 상승하였는데, 환율이 상승분 이상으로 하락하면서 해당일 ETF 수익률이 마이너스(—)를 기록하는 경우도 종종 발생한다.

환율은 해외 투자형 레버리지 ETF를 거래했을 때 더욱 주의해야 한

(%)
80

—S&P500(환헤지 반영) — S&P500

60

40

20

0

2017-12-29   2018-12-29   2019-12-29   2020-12-29

-20

다. 앞서 설명하였던 레버리지 ETF의 특징이 그대로 환율에도 같이 적용되기 때문이다. 국내 개인투자자들이 주로 거래하는 TIGER 차이나CSI300레버리지 ETF가 이에 해당하는 ETF 중 하나다.

　일반적인 레버리지 ETF는 추종하는 기초지수가 1% 상승하면, 레버리지 ETF는 2% 상승한다. 그러나 TIGER 차이나CSI300레버리지는 환헤지가 되어 있지 않아 조금 다르게 움직인다. ETF가 추종하는 중국 CSI300 지수가 금일 1% 상승하고, 원-위안화 환율이 1% 상승하면, 실제 ETF 가치는 2% 상승이 아닌 4% 상승하게 되는 것이다.

　요컨대, 해외 투자형 ETF 거래 시(환헤지가 되어 있지 않은 ETF라면) 환율에도 신경을 써야 한다. 그리고 환율로 인한 내 투자자산의 변동을 신경쓰고 싶지 않다면 환헤지된 ETF를 선택하면 된다.

가격이 변하는 또 다른 요인 해외지수 선물?

환율 외에도 해외형 ETF의 가격이 변하는 이유는 한 가지가 더 있다. 바로 해외지수 선물이다. 앞부분에서 ETF의 이름에 대한 부분을 읽어보았다면 이런 의문이 생길 것이다.

'내가 보유하고 있는 ETF는 ETF명에 '선물'이 들어가지 않는데, 그러면 선물 가격 변동과는 전혀 연관이 없는 것 아닌가?'

답을 말하자면 반 정도는 맞다. 기본적으로 ETF명에 '선물'이라는 단어가 들어가 있지 않으면 해당 ETF의 가치는 선물가격의 변화와 큰 상관이 없다. ETF가 추종하는 기초지수가 해당 지수의 선물과 관련이 없기 때문이다.

그러나 일부 해외 지수 선물은 국내 주식 시장 개장 시간에도 거래가 가능한 상품들이 있다. 대표적으로 미국 S&P500 지수 선물, 나스닥 지수 선물, 원자재 선물 등이 있다. 24시간 내내 거래가 가능해, 해외 장 종료 이후에도 많은 투자자가 해당 지수의 가치를 예측하고 가격을 제시하며 거래한다. 그로 인해 국내에 상장되어 있는 S&P500 ETF나 나스닥 ETF를 거래하는 투자자들 또한 해당 ETF의 기초지수 선물 가격을 고려해 가격을 제시하고 거래하게 된다. 대표적으로 ETF에 유동성을 공급하는 LP들이 호가를 제시할 때 24시간 거래 가능한 선물의 가격을 고려하게 되고, 국내 투자자들 또한 제시된 호가에 맞추어 거래하게 된다.

결국 내가 가진 나스닥100 ETF의 거래 가격이 움직이는(변화하는) 이유는 ① 환율, ② 나스닥 선물의 변화라는 점을 기억하자.

해외 시장이 휴장일 때 내 ETF 가격은 어떻게 변할까?

국가별로 공휴일과 거래 제도가 다르기 때문에, 국내 주식 시장은 휴장이지만 해외 시장은 정상적으로 운영되기도 하며, 반대로 해외 시장은 휴장이고 국내 시장은 정상 운영되는 경우도 발생한다. 국내 자산에 투자하는 ETF(국내주식형, 국내 채권형 ETF 등)의 경우 국내 주식 시장이 휴장이면 ETF 시장도 같이 휴장이므로 문제될 것이 없다. 그러나 해외에 투자하는 ETF의 경우 조금 주의해야 할 필요가 있다.

우선 국내 주식 시장이 휴장이고 해외시장이 정상적으로 운영될 때 해외 ETF의 가격에 일어나는 변화에 대해 알아보자. 국내 주식 시장의 휴장일 동안 ETF 또한 거래가 되지 않으므로 ETF의 가격은 변화하지 않는다. 하지만 구성종목들은 전부 해외에 상장되어 있어 정상적으로 가격이 변동된다. 따라서 해외 ETF가 추종하는 기초지수의 가치도 계속 변하게 된다. 이 기초지수의 변화는 휴장 시간 동안에는 반영되지 않고, 휴장이 끝나고 장이 시작하는 당일에 변동폭이 한꺼번에 반영된다.

예를 들면 추석 연휴 동안에는 국내 주식 시장이 개장되지 않으므

설 연휴 동안의 한국과 중국 시장							
일자	한국	중국	한국 시장		중국 시장		차이
			ETF 가격	변동(%)	CSI300	변동(%)	
2020-01-23	종가	종가	8,890		4,003.9		
2020-01-24	설 연휴	춘절 연휴	8,890		4,003.9		0.0
2020-01-25			8,890		4,003.9		0.0
2020-01-26			8,890		4,003.9		0.0
2020-01-27			8,890		4,003.9		0.0
2020-01-28	매매		8,330	-6.3	4,003.9		-6.3
2020-01-29	매매		8,520	-4.2	4,003.9		-4.2
2020-01-30	매매		8,380	-5.7	4,003.9		-5.7
2020-01-31	매매		8,315	-6.5	4,003.9		-6.5
2020-02-01	매매		8,315	-6.5	4,003.9		-6.5
2020-02-02	매매		8,315	-6.5	4,003.9		-6.5
2020-02-03	매매		8,270	-7.0	3,688.4	-7.9	0.9

로, ETF의 가격이 추석 전 마지막 거래일의 가격에서 변화가 없을 것이다. 그러나 미국 주식 시장은 정상적으로 거래되므로 S&P500이나 나스닥100의 가격은 계속 변하고, 지수 또한 변동이 있을 것이다. 그 변동분은 추석 연후 이후 첫 거래일 장 시작과 동시에 ETF NAV 및 가격에 적용된다.

이번에는 반대의 경우를 살펴보자. 중국의 CSI300 지수와 그 지수를 추종하는 국내 상장 CSI300 ETF의 예시를 참고하면 이해하기 더욱 쉬울 것이다. 한국에 구정 휴일이 있듯이, 중국에도 비슷하게 춘절 연휴가 있다. 그러나 연휴의 기간이 국내보다 길기 때문에, 국내 시장은 정상적으로 거래가 되지만 중국 주식 시장은 휴장이어서 CSI300 지수의 가격이 변동하지 않는 모습을 앞의 표에서 볼 수 있다. 국내 시장에서의 거래 가격은 환율에 더해, 연휴가 끝난 후 중국 시장에서 예상되는 변화가 선반영된다. 연휴가 끝나고 중국 시장도 정상적으로 거래가 가능해지는 2월 3일부터 지수의 가치와 ETF의 가격이 연동되는 모습을 볼 수 있다. 따라서 연휴 전후에 이러한 ETF의 가격 변동에 더욱 유의할 필요가 있다.

04

LP들의 호가 제시 방법
대해부

ETF를 매매하다 보면 이런 현상을 볼 수 있다. 어떤 ETF는 LP들이 현재 시장에서 거래되는 가격에 가깝게 매수/매도 가격을 제시하고, 어떤 ETF는 4개 호가~5개 호가 바깥에 매수/매도를 가격을 제시한다. 그리고 ETF마다 LP가 제시한 호가 물량 잔량에도 차이가 생긴다. 왜 이런 차이가 발생하는 것일까?

기본적으로 LP는 유동성 공급자(Liquidity Provider)로, ETF에 유동성을 공급하여 원활하게 거래될 수 있도록 하는 의무를 지니고 있다. 그러다 보니 몇 가지 의무적으로 지켜야 할 사항이 있다. 간단히 정리해보면 다음과 같다.

한국거래소는 원활한 거래를 위해 ETF 시장에 일정 수준 유동성을 제공하는 유동성 공급자를 종목별로 1개사 이상 두도록 하고 있다.

LP는 최우선 매도 가격과 최우선 매수 가격의 차이인 호가 스프레드를 1%~2% 이내로 유지하는 의무를 갖고 있다(종목별로 상이). 만약 호가 스프레드가 규정된 수치를 초과하는 경우 5분 이내에 매도 또는 매수 양방향에서 유동성 공급 호가를 제출한다.

우선 ETF마다 참여하고 있는 LP들의 숫자에 차이가 있다. 보통 2개 이상의 LP가 ETF 호가 제시에 참여를 하고 있으며, 일부 ETF의 경우 4개 이상의 증권사가 LP로 참여해 유동성을 공급하고 있다. 그러다 보니 호가 물량 잔량에 차이가 발생하게 된다.

의무 사항 중 두 번째, '호가 스프레드를 1~2% 이내로 유지해야 하는 의무'를 지켜야 하기 때문에, ETF의 LP들이 가능한 한도 내에서 NAV에 가깝게 호가를 제출한다. 그러나 ETF마다 호가 제시의 범위가 약간씩 차이 나는 부분에 대한 설명으로는 부족하다. 이런 차이는 왜 발생하는 것일까? 그 이유는 LP들이 유동성 공급을 위해 ETF를 매수하고, 매도함에 따라 비용이 발생하기 때문이다. 이 비용은 ETF의 종류에 따라 차이가 난다. 크게 4가지로 나눠보면 이해가 조금 더 쉽다.

첫 번째 종류는 국내에 투자하는 ETF 중 기초지수 선물이 있는 ETF다. LP가 ETF를 거래할 때 약간의 거래 수수료와 기초자산 거래 비용(보유하고 있는 실물주식, 선물 등)만 감안하여 호가를 제시하기 때문

ETF 유형별 LP 호가 스프레드

국내 투자형		해외 투자형	
기초자산 선물이 있는 ETF (200, 레버리지, 인버스)	기초자산 선물이 없는 ETF (업종, 스타일, 테마)	기초자산 선물이 있는 ETF (S&P 500, 원자재)	기초자산 선물이 없는 ETF (나스닥, 라틴, 브릭스)

LP 매도가격

			기타 해외거래비용
		기타 해외거래비용	기타 해외거래비용
	기초자산 거래비용	기초자산 거래비용	기초자산 거래비용
기초자산 거래비용	거래 수수료	거래 수수료	거래 수수료
거래 수수료			

NAV 0.4% ~ 1.5%

거래 수수료	거래 수수료	거래 수수료	거래 수수료
기초자산 거래비용	기초자산 거래비용	기초자산 거래비용	기초자산 거래비용
	매도 거래세	기타 해외거래비용	매도 거래세
			기타 해외거래비용

LP 매수가격

주: '기타 해외거래비용'은 환전, 송금 등에 따른 비용 포함
참고: 코스피200 ETF는 0~15bp, 업종 ETF 30~50bp, 선물이 있는 해외 ETF 40~100bp,
　　　선물이 없는 해외 ETF 40~150bp 내외에서 호가 스프레드 형성

에, 4가지 종류 중 가장 호가 갭(Gap)이 적다. 대표적으로 코스피200 지수를 추종하는 ETF, 코스피200 지수의 배수를 추종하는 레버리지, 인버스 ETF들이 이에 속한다.

두 번째로는 기초자산 선물이 없는 국내 투자형 ETF다. 대표적으로 바이오, 중공업과 같은 특정 업종 지수에 투자하는 ETF나 2차전지/신재생에너지 등과 같은 테마에 투자하는 ETF들이 이에 속한다. 이런 ETF들의 기초지수는 별도의 선물이 거래되고 있지 않기 때문에 LP가 구성종목을 매도하는 데 비용이 든다. 이 때문에 앞선 국내 대표지수형 ETF에 비해 약간의 호가 갭이 더 발생할 수 있다(매번 호가 갭이 넓지

는 않다).

세 번째와 네 번째 ETF는 모두 해외에 투자하는 ETF다. 세 번째 ETF는 기초지수 선물이 있는 해외 투자형 ETF로, 앞서 설명한 S&P500이나 원자재 선물 ETF 등이 이에 속한다. 이러한 ETF들은 앞서 LP가 국내 투자형 ETF를 매매할 때 들어가는 수수료에 더해 '기타 해외거래비용'이 포함된다. 기타 해외거래비용에는 환전, 송금 및 해외 시장에서 매매 시 지불하는 수수료 등이 포함된다. 이러한 비용 때문에 LP들이 보통 NAV 대비 일정 비율(40~100bp = 약 0.4%~1% 수준)만큼 갭을 두고 거래하는 것이다.

마지막은 기초자산 선물이 없는 해외 투자형 ETF다. 기초자산 선물이 있는 해외투자형 ETF 대비 LP가 매도 거래세까지 부담해야 하기 때문에 호가 스프레드도 그만큼 벌어지는 모습을 볼 수 있다. 특히 긍정적/부정적 이슈로 인해 시장이 급변하거나 휴장 등이 겹치면 LP들의 호가 제시가 더욱 벌어질 수 있기 때문에 주의가 필요하다.

중국 ETF 거래 시 주의할 점, 점심시간 휴장

시차가 거의 없어 국내 투자자도 시장의 변화를 바로 인지할 수 있다는 장점 때문에 많이 투자하는 국가 중에 하나가 중국이다. 국내에 상장된 중국 투자 ETF도 그 종류가 점차 다양해지고 있는데, 대표지

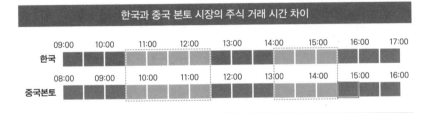

한국과 중국 본토 시장의 주식 거래 시간 차이

수에 투자하는 CSI300 ETF, 정부 정책과 늘어나는 친환경 차량에 대한 소비가 늘어나며 수혜가 기대되는 차이나 전기차 ETF 등이 대표적이다.

중국과 한국 간 시차가 1시간밖에 되지 않다 보니, 현지의 가격 변동이 바로 국내에 상장되어 있는 중국 투자 ETF에 반영이 된다. 그러나 특정 시점에는 이러한 변화가 반영되지 않는데, 대표적으로 아침 장 시작 전과 점심시간 휴장이다.

앞서 말했듯이 중국과 한국 간 시차가 한 시간 정도 있고, 장 시작 시간도 국내와 다르게 중국 본토 시장은 오전 9시 30분(한국 시간으로 10시 30분)에 시작한다. 또한 중국은 점심시간 휴장 제도가 있어서 약 1시간 30분 동안 거래가 되지 않는다. 해당 시간을 그림으로 나타내면 다음과 같다.

그렇기 때문에 LP들이 원활한 호가 제시를 하기 위해서는 위험을 헤지해야 하는데, 중국 폐장 시간(한국 시간 오전 9시~10시 30분) 과 점심 휴장시간(오후 12시 30분~2시)까지는 중국 본토 주가를 확인할 수 없으므로 위험 헤지가 굉장히 어렵다. 위험 헤지를 하기 위해서는 선물 매도/매수 등의 방법을 사용하여 대응해야 하지만 그것이 불가능해지기 때문이다. 결국 LP는 제한된 상황 하에서 ETF의 호가를 제출하게 되고, 그러다 보니 평소 대비 더 낮은 매수 호가, 더 높은 매도 호가에 유동성을 공급하게 된다(이를 '호가 스프레드가 넓어진다'라고도 표현한다). 주된 유동성 공급자인 LP의 호가 제시가 원활하지 않은 상황에서 ETF는 다른 시장 참여자들의 수급에 의해 가격이 결정되는 것이다. 그러다 보니 상대적으로 큰 폭의 괴리율이 발생할 수 있으므로, 중국 ETF를 매매할 때는 해당 시간대를 피하는 것을 추천한다.

05

ETF 분배금,
이럴 땐 어떻게 되나?

ETF도 주식의 배당금과 비슷하게 분배금을 받을 수 있다. 주식의 경우 매년 말 (또는 반기) 증권시장의 마지막 거래일 2일 전까지 해당 상장 주식을 보유한 투자자에게 배당금을 받을 수 있는 권리가 부여된다. ETF도 유사하다. 분배금 기준일까지 해당 ETF를 보유한 투자자에게 분배금을 받을 수 있는 권리가 부여된다. 즉 기준일의 2영업일 전까지 매수를 해야 한다.

그렇다면 주식의 배당금과 ETF의 분배금의 차이는 무엇일까? 첫 번째 차이는 바로 분배금 지급 기준일이다. 현재 국내에 상장되어 있는 대부분의 ETF는 분배금 지급 기준일이 정해져 있다. 1월, 4월, 7월,

ETF 분배금 지급 일자 예시	
분배금 지급 기준일	– 지급기준일: 매 1, 4, 7, 10월의 마지막 영업일 및 회계기간 종료일 – 지급 시기: 지급기준일 익영업일로부터 제7영업일 이내

10월, 그리고 12월의 마지막 거래일로 총 5번이다. 5개의 일자 모두를 기준일로 지정한 ETF도 있고, 그렇지 않은 ETF도 존재한다.

그러나 ETF의 기준일이 위와 같이 지정되어 있다고 하더라도, 해당 일자에 무조건 분배금이 나오는 것은 아니다. 분배금 재원이 없는 경우에는 ETF에서 분배금을 주지 않는 경우도 존재한다. ETF가 보유하고 있는 구성종목(주식, 채권 등)에서 배당금이 발생하지 않거나 금액이 매우 적은 경우에는 분배금 재원이 충분하지 않아 분배금을 지급하기 어렵기 때문이다. 배당금 금액이 적어 ETF에서 분배금을 지급하지 않는 경우에도, 해당 배당금이 사라지는 것이 아니라, 그대로 ETF의 NAV에 반영되어 매매 시 가격에도 반영된다.

이처럼 분배금을 주지 않는 ETF는 추종하는 기초지수가 구성종목

분배금을 지급하지 않는 TR ETF

주식 테마 개인연금 퇴직연금

TIGER 200 TR (310960)

대한민국 200개 우량기업에 투자하면서 배당수익의 재투자 효과도 누릴 수 있습니다.

의 배당금을 재투자하는 형태의 기초지수이기 때문에 ETF도 동일하게 운용된다. 이런 지수들을 총수익 지수(Total Return Index)라고 하며, ETF의 명칭에 TR을 붙여 구분하도록 되어 있다.

연말에는 약간 특별한, 코스피200 ETF의 예상 배당금과 분배락 효과

연말은 크리스마스 등의 휴일과 송년회를 즐기며 한 해를 마무리하는 느낌이 강해지는 시점이다. 주식 시장에서의 연말은 배당금 시즌이라고 불릴 만큼 배당에 대한 관심이 높아지는 시기다.

일반적으로 국내 주식은 연말을 기점으로 배당금 기준일이 정해진다. 배당락일 이후에는 그만큼 주식의 가격이 낮아져서 거래되고, 그다음 해 3~4월에 배당금이 지급된다. 대표적으로 코스피200 지수를 구성하는 코스피 상장 종목들은 상대적으로 배당금 규모도 클뿐더러 연말을 기준으로 배당금을 지급하는 종목이 많다. 그렇다면 코스피200 지수를 추종하는 ETF는 분배금을 어떻게 지급할까?

코스피200 ETF는 구성종목들의 배당락일에 배당에 대한 권리가 발생하면 이를 예상 배당금이라는 명목으로 ETF의 NAV에 반영한다. 이 ETF의 NAV는 평소에는 기초지수와 유사하게 움직이지만, 배당락일부터는 조금 다른 모습을 보인다. 배당락일부터 코스피200 지수의 구성종목들은 배당락의 영향으로 주가가 하락하기 때문에 기초지수 또한 같이 하락하는 반면, 코스피200 지수 추종 ETF는 예상 배당금만큼 반영되어 있기 때문에 기초지수와 조금 다르게 움직인다. 이를 그래프로 나타내면 다음과 같이 보일 것이다.

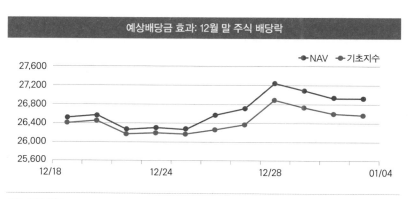

예상배당금 효과: 12월 말 주식 배당락

출처: 한국거래소

기초지수 대비 ETF의 NAV가 예상 배당금만큼 늘어난 상태로 움직이는 것이다(배당락일 이후 지수의 변동폭과 ETF의 변동폭은 유사하게 움직인다).

이러한 차이는 이후 코스피200 ETF들의 실제 배당금이 나오는 시점인 3월과 4월을 지나, 그 배당금을 바탕으로 코스피200 ETF들이 분배금을 지급하는 4월 말일에 다시 해소된다. 즉 12월 구성종목의 배당락일 이후부터 4월 말 실제 분배금 배분 전에 ETF를 매도하더라도 구성종목의 배당금을 받은 것과 동일한 수익을 얻을 수 있는 것이다.

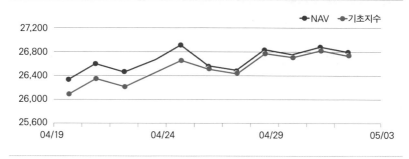

분배락 효과: 다음 해 4월 말 ETF 분배락

출처: 한국거래소

ETF를 이용한 최강의
자산배분 전략 4가지

자산배분의 중요성은 수많은 투자 관련 책에서 강조되고 있다. 그만큼 중요하며, 이제는 투자의 정석으로 자리매김할 정도다. 자산배분은 '달걀을 한 바구니에 담지 않는 전략'이라는 비유를 많이 쓰이는데, 이처럼 자산배분은 여러 유형의 자산에 나누어 세계적으로 분산투자하는 것이 핵심이다.

자산배분의 효과는 특히 투자 기간이 길어질수록 커진다. 그러니까 삼성전자를 샀느냐 혹은 현대차를 샀느냐 하는 부분이 장기 성과에 미치는 영향은 극히 일부분이며, 그보다는 주식형 자산, 채권형 자산, 예금 등 현금성 자산에 얼마나 적절하게 자산을 배분했느냐가 장기 투자 성과를 결정하는 핵심인 것이다. 장기 수익률 목표치를 달성하는 데 있어 종목 선택의 중요성의 영향은 약 4%, 마켓 타이밍(시장에서 매수/매도를 통해 얻은 이득)이 끼친 영향은 2% 수준밖에 되지 않는다는 연구 결과도 있다. 나머지 94%는 어떤 자산에 어떻게 자산배분을 하는지에 따라 장기 성과가 좌우되는 것이다.

이 자산 배분의 수단으로 해외에서 각광받고 있는 것이 바로 ETF다. 국내에서도 ETF의 종류 및 투자 자산군이 증가하면서 서서히 주목을 받고 있는 상황이지만, 아직 국내 주식시장에서는 자산배분보다는 단기 트레이딩의 수단으로 더욱 많이 이용되고 있다.

ETF가 매력적인 자산배분 수단으로 각광받고 있는 이유는 바로 다양한 자산군(주식, 채권, 원자재 등)에 저렴한 비용으로, 손쉽게 투자할 수 있다는 장점 때문이다. 또한 ETF는 그 자체로 각 자산군의 종목들에 분산투자하기 때문에 개별 종목 선택에 따른 리스크를 최소화할 수 있다. 수많은 자산배분 방법이 있지만, 특정 전략이 정답이라고 보기는 어렵다. 여기서 몇 가지 자산배분 방법을 소개하고자 한다.

ETF를 이용한 자산배분 방법: 소극적 투자 전략

소극적 투자 전략은 누구나 생각해본 전략이지만 실제로 실천하기 어려운 전략이다. 소극적 투자는 주로 저비용 대표지수 ETF를 보유하는 전략이다. 장기 목표 수익률로 시장수익률을 세워놓고, 몇 개의 대표지수 ETF를 매우 길게 보유하는 포트폴리오를 구성하는 것이다.

소극적 투자 전략에서는 경기변동이나 가격변화를 예측하여 매매 시점을 선택하지 않는다. 현금 추가 및 인출, 자산 리밸런싱 시점에만 매매를 한다. 따라서 ETF의 보수가 투자 성과에 미치는 영향이 굉장히 크다. 몇 가지 ETF를 장기로 보유하고, 목표로 하는 수익률도 높지 않으므로, 보수가 투자 성과에 미치는 영향이 크기 때문이다. 따라서 이 전략을 사용할 때는 저보수 ETF들을 활용하는 것이 좋다.

이 전략은 장기적인 시점에서 보았을 때 개별 투자자가 장기 시장 수익률을 이기기 어렵다는 것을 배경으로 나온 전략이다. 이름대로 소극적인 전략이고, 매우 길게 유지해야 하는 전략이다 보니 전략의 효율성에 대한 의문을 가지는 경우가 많다. 그래서 실제로 시장의 변동성이 적어지는 시장 침체기에 투자자들은 소극적 전략을 버리고 다른 투자 전략으로 갈아타는 경향이 많은데, 오히려 시장 침체기에 전략을 바꾸면 수익률이 더 낮아지고 위험은 더 커진다.

ETF를 이용한 자산배분 방법: 섹터 방향성 투자 전략

만약 어떤 투자자가 향후 IT 업황을 긍정적으로 보고 SK하이닉스에 투자하기로 했다면, 이 결정은 옳은 판단일까? 반드시 그렇다고 말할 수는 없다. IT 업황이 전반적으로 긍정적이더라도, SK하이닉스만 실적이 부진할 수도 있고, IT 섹터 전반적인 업황보다는 반도체 시장 경기, 그중에서도 원-달러 환율이나 D램 가격의 변동 등 다양한 리스크 요인과 변수가 존재하기 때문이다.

그렇기 때문에 소위 전문가라 할지라도 다양한 요인들을 정밀하게 분석해 개별 종목에 적용하기는 쉽지 않은 일이다. 그래서 섹터 ETF를 활용하는 투자자가 늘고 있다. 섹터 ETF에서 해당 섹터 내 각 종목들에 대해 분산투자를 하고 있기 때문에, 투자자는 개별 종목의 이슈 및 분석보다는, 해당 섹터의 향후 전망에 대한 분석에만 좀 더 집중할 수 있다.

섹터 ETF를 활용해서 개인투자자들이 가장 쉽게 접근할 수 있는 방법은 방향성 및 이벤트 투자다. 특정한 섹터에 대한 긍정적인 시장 전망을 기반으로 해당 ETF를 종목투자와 동일한 방식으로 접근하되 섹터 ETF를 활용하는 것이다. 또한 섹터성과에 영향을 미치는 대내외적인 변수에 따라 시장지수가 급락 혹은 급등할 경우 시장지수 추종형 ETF를 활용하듯이, 특정한 업종에 영향을 미치는 뉴스나 정책에 따라 해당 업종지수가 급등락하는 경우 섹터 ETF를 매매하는 것이다. 산술적으로 시장이 급등락하는 경우보다는 개별 섹터지수가 급등락하는 경우의 수가 훨씬 더 많이 발생하기 때문에 투자자 입장에서는 섹터 ETF를 활용해 보다 많은 투자 기회를 확보할 수 있다는 장점이 있다.

ETF를 이용한 자산배분 방법: 핵심-위성 전략

　소극적 전략으로는 시장 수익률만을 얻을 뿐 초과수익을 얻을 수 있는 기회가 극도로 제한되기 때문에, 조금 더 적극적인 전략을 선호하는 투자자들이 이 전략을 선택하게 된다. 핵심-위성 전략은 용어에서도 알 수 있듯이, 자신의 포트폴리오를 핵심 포트폴리오와 위성 포트폴리오로 가져가는 대표적인 자산배분 전략이다. 시장 수익률을 대표하는 대표지수 ETF와 더불어 일부분을 조금 더 위험성이 높은 자산에 배분함으로써 전체적으로 시장 수익률을 따라가면서 약간의 초과 수익을 추구하는 형태다.

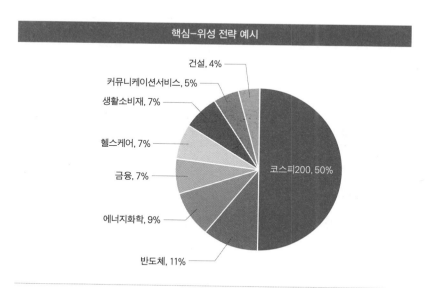

핵심-위성 전략 예시

232

핵심 포트폴리오는 대표지수인 코스피200과 같은 ETF로 구성되며, 벤치마크 수익률 달성을 목표로 한다. 위성 포트폴리오는 시장 대비 초과수익(플러스 알파) 추구가 목적이고, 초과수익이 예상되는 섹터 ETF나 테마형 ETF등으로 구성되며, 초과수익 달성을 위한 적극적 투자라고 할 수 있다. 한 가지 주의해야 할 점은 대표지수 ETF 대비 섹터 ETF나 테마형 ETF의 총 보수가 상대적으로 높은 편이며, 위성 포트폴리오의 구성종목들은 매매회전율이 상대적으로 높아 그 비용 또한 성과에 영향을 줄 수 있다는 점이다.

ETF를 이용한 자산배분 방법: 생애 주기 투자 전략

생애 주기 투자 전략은 투자자들의 생애 주기에 따라 자산배분 형태를 조절하는 방식이다. 투자자가 나이가 들면 위험과 수익에 대한 선호도도 바뀌고, 투자 외의 원천적인 수익 흐름(월급, 저축 등)이 바뀐다는 점에 착안하여 만들어진 전략이다.

일반적으로 청년 시점에는 모은 자산이 상대적으로 적고, 투자에서 손실을 보더라도 만회할 수 있는 기간이 길므로 공격적인 투자를 하는 편이다. 그 이후 중년에 접어들면서 상대적으로 보수적이 되고, 은퇴가 가까워질수록 자산 축적보다는 모아둔 자산에 대한 소비가 늘어나면서 더욱 보수적이게 된다.

생애주기 곡선과 그에 따른 자산배분 예시

    최근 국내 투자자들이 많이 투자하고 있는 TDF 펀드 등이 대표적
인 생애 주기 투자 전략을 활용한 상품이다. 상장되어 있는 ETF들
을 이용하여 생애주기에 따라 위험자산(주식형 ETF, 원유 등 원자재 ETF)
의 비중과, 안전자산(채권 ETF, 금 ETF 등)의 비중을 조절하며 투자하는
DIY 형태의 자산배분도 점차 늘어나는 모습을 보이고 있다.

234

업계 고수도 알려주지 않는
ETF 매매의 기술

ETF는 주식과 동일한 매매 방법을 가지고 있어 주식처럼 매매하는 투자자가 많다. 그러나 ETF에는 주식에는 없는 몇 가지 요소가 있기에 그 부분에 주목해서 매매를 할 필요가 있다. 최근 ETF 거래가 활발해지면서 증권사 HTS/MTS에 주식 거래 화면 외에 별도로 ETF 거래 화면이 있는 경우가 많아지고 있다. ETF 거래 시에는 'ETF 현재가'와 'ETF 매매' 화면을 사용하는 것을 추천한다.

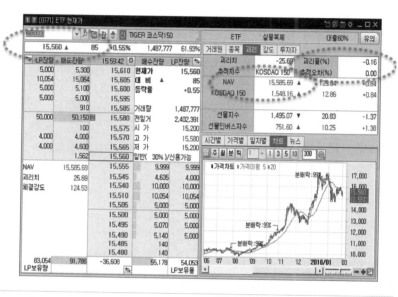

※NAV라고 쓰여 있는 항목이 주식 시장 개장 이후 지속적으로 변동됨.

먼저 주의해야 할 부분은 ETF는 주식과 다르게 NAV(순자산가치)와 iNAV(실시간 추정순자산가치)가 있다는 점이다. 실시간으로 거래되면서 해당 ETF의 실시간 가치가 같이 출력되기에, 현재 거래되고 있는 가격과 iNAV의 차이, 즉 괴리율를 보면서 거래되고 있는 가격이 적정한지 판단해야 한다.

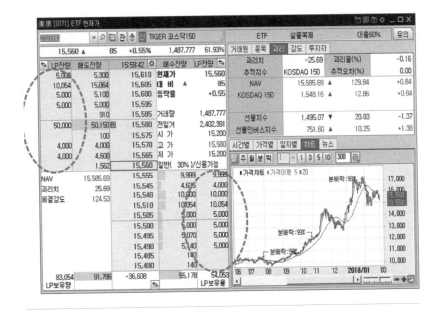

그다음에는 거래되고 있는 호가의 매수/매도 잔량에 주목해야 한다. 이 부분에서도 주식과 다른 점이 보일 것이다. 매수/매도 잔량 옆에 별도의 칸이 있고, 이 부분에도 수량이 적혀 있는 것을 볼 수 있다. 이 부분이 바로 앞서 이야기한 LP(유동성 공급자)가 제시하고 있는 호가와 그 호가에 거래를 내어놓은 수량이다. 투자자 본인이 매수/매도하려고 계획한 만큼 충분한 수량이 있는지 참고하면 된다. 또한 내가 원하는 수량만큼 물량이 없다고 해서 불리한 가격에 매매하지 말고, LP들이 지속적으로 물량을 추가하므로 약간의 시간을 두고 나누어서 매매하는 것을 추천한다.

마지막으로 ETF는 주식 매매와 달리 매매 주문을 넣을 때 시장가 매수/매도에 주의해야 한다. 대부분의 시간대에는 LP가 호가를 제시하는 것이 의무지만, 일부 시간대에는 LP가 호가를 제출할 의무가 없다. 따라서 이 시점에 대량으로 매매를 하면 ETF의 적정 가치보다 더 비싸게 매수하거나, 더 싸게 매도되는 경우가 발생할 수 있다. LP호가 제시 의무가 면제되는 시간대는 다음과 같다.

- 오전 장 시작 전 단일가 매매 호가접수 시간 08:00~09:00
- 장 개시 이후 5분간 09:00 ~ 09:05
- 오후 장 종료 전 동시호가 시간 15:20~15:30

따라서 매매를 할 때는 LP 호가 제시 의무가 면제되는 시간을 피해서, 시장가 주문보다는 지정가 주문을 활용하는 것을 추천한다.

급해도 시장가로 매매하면 안 되는 이유

시장가 주문보다는 지정가 주문을 활용하는것을 추천하는 이유는 뭘까? 여기서 시장가 매매를 지양해야 하는 단적인 예를 보여주고자 한다. 이를 잘 이해하려면 먼저 한 가지 제도에 대해 알아야 한다. 국

변동성 완화장치 제도				
		동적 VI		정적 VI
구분		접속 매매시간 (09:00~15:20)	종가단일가 매매시간* (15:20~15:30)	시간외단일가 매매시간 (16:00~18:00)	정규시장 모든세션
ETF/ETN	코스피200/100/50, KRX100, 인버스, 채권	3%	2%	3%	10%
	레버리지, 섹터·해외지수, 상품 등 기타지수	6%	4%	6%	

출처: 한국거래소

내 주식 시장에는 주가가 단시간에 일정 범위 이상의 가격으로 체결될 때 변동성 완화장치(VI, Volatility Interruption)가 발동한다. 이는 순간적인 가격 급변으로 인해 피해를 보는 선의의 투자자를 막기 위해 마련된 제도다.

전일 종가 대비 10% 이상 급등/급락하거나, 직전 체결 가격 대비 2~3% 이상 벗어난 가격에 체결되는 경우 변동성 완화장치가 발동된다. 변동성 완화장치가 발동되게 되면 약 2분에서 2분 30초 동안 주문을 넣을 수는 있지만 체결은 되지 않는 단일가 매매 형태가 된다. 실제 주문은 변동성 완화장치가 해제된 후에 체결된다.

2018년 말, TIGER200IT 레버리지 ETF가 오전 동시호가 시간(8시 ~9시 사이)에 비정상적인 호가가 제출되는 현상이 발생했다. 그 전날 종가는 17,700원이었는데, 오전 동시호가 시간에 전일 종가 대비 10% 이상 변동된 가격의 호가가 제출된 것이다. 9시 장이 시작되면서 바로 변동성 완화장치가 발동되었고, 2분 후 약 619주가 20,150원의 가격

TIGER200IT 레버리지의 해당 일자 실제 매매 체결 내역

[0121] 시간대별체결

시간대별체결 | 시간대별체결(가격) | 일자별시세

243880 ▾ TIGER 200 □실시간 ☑전일 00:00 ⦿틱 ○1분 ○5분 ○10분 ▾

| 현재가 | 18,870 | 시가 | 18,400 | 고가 | 18,910 | 저가 | 18,400 |

시간	현재가	전일대비	등락률	체결량	매도호가	매수호가	거래량	체결강도
09:08:56	18,320	▲ 620	+3.50	6	18,320	17,760	4,815	17.21
09:08:56	18,320	▲ 620	+3.50	40	18,485	18,320	4,809	15.89
09:08:56	18,320	▲ 620	+3.50	40	18,485	18,320	4,769	17.43
09:08:53	18,320	▲ 620	+3.50	50	18,485	18,320	4,729	19.30
09:08:51	18,295	▲ 595	+3.36	44	18,295	17,760	4,679	22.29
09:08:51	18,320	▲ 620	+3.50	60	18,485	18,305	4,635	8.66
09:08:51	18,305	▲ 605	+3.42	40	18,485	18,305	4,575	10.64
09:08:34	17,760	▲ 60	+0.34	1	18,585	17,760	4,535	12.55
09:08:12	18,665	▲ 965	+5.45	1	18,665	17,755	4,534	12.61
09:08:01	18,675	▲ 975	+5.51	1	18,675	17,530	4,533	12.16
09:07:51	17,700	0	0	26	17,700	17,530	4,532	11.71
09:07:47	17,700	0	0	70	18,675	17,710	4,506	0.01
09:07:47	17,710	▲ 10	+0.06	4	18,675	17,710	4,436	0.01
09:07:34	17,700	0	0	50	18,280	17,705	4,432	0.01
09:07:34	17,705	▲ 5	+0.03	98	18,280	17,705	4,382	0.01
09:07:16	18,275	▲ 575	+3.25	110	18,275	17,700	4,284	100.00
09:04:47	7,115	▼ 10,585	-59.80	3,555	18,700	7,115	4,174	100.00
09:02:17	20,150	▲ 2,450	+13.84	619	20,150	18,900	619	100.00

에 체결되었다. 이 가격은 전일 종가 대비 약 13.84% 상승한 가격이었고, 다시 한 번 변동성 완화장치가 발동했다.

이런 변동성 완화장치의 발동을 몰랐던 투자자는 단기간에 크게 오른 가격을 보고 바로 시장가에 매도주문을 내놓았다. 그러나 단일가 매매 상태였기에 주문은 체결되지 않았고, 더불어 장 시작 직후 5분이 지나지 않아 아직 LP도 유동성을 공급하기 전이었기에, 적정 가격에 ETF의 유동성 공급이 이루어지고 있지 않은 상황이었다. 결국 변동성 완화장치가 끝난 시점에 하한가 7,115원에 전액 체결되었다(전일 종가 대

비 −59.80%). 직전 체결가 대비 큰 폭으로 벗어난 가격에 체결되었으므로 이후 다시 한 번 변동성 완화장치가 발동되었고, 세번째 변동성 완화장치가 끝난 이후에는 정상적인 가격으로 체결되었다.

이 투자자가 변동성 완화장치가 발동되었음을 인지하고 주문을 넣지 않았거나, 적어도 원했던 가격인 20,150원에 지정가 주문을 넣었다면 이런 손실은 발생하지 않았을 것이다. 따라서 ETF에 투자할 때는 LP들의 유동성 호가 제시 의무가 면제되는 시간에 주의하고, 시장가 주문보다는 지정가 주문을 적극 활용하는 것을 추천한다.

유사한 ETF라도 가격이 다른 이유

국내에 상장되어 있는 ETF의 종목 수가 500개 가까이 되는데, 이 종목들의 각각의 가격을 살펴보면 2,000원 대부터 10만 원이 넘는 ETF까지 그 가격대가 다양하다. 또 동일한 기초자산에 투자하는 ETF 사이에서도 가격대가 다르다. 예를 들면 코스피200 에너지/화학 섹터에 투자하는 TIGER200에너지화학 ETF는 주당 가격이 2만 원인데, 동일한 기초지수에 투자하는 KBSTAR의 ETF는 1만 원대 초반의 가격대에 위치하고 있다.

ETF의 가격이 높다고 해서 그 ETF가 수익률이 좋다는 것은 아니다. 가격은 자산운용사에서 ETF를 설계 및 상장할 때 가격을 어떻게

정하느냐에 따라 달라진다. 어떤 ETF는 1만 원에 가격을 책정하고, 또 다른 ETF는 2만 원에 책정해서 상장하는 경우가 발생하는 것이다. 그 이후에는 기초지수의 변동에 따라 가격이 움직인다. 일반적으로 투자자들이 부담없이 거래할 수 있는 1~2만 원대 수준(채권형 ETF는 5만 원 ~10만 원 수준)에 맞추어 ETF를 설계한다.

※ 2021.09.29 기준 (출처: 한국거래소)

분류체계	종목 코드	종목명	상장일	운용사	기초지수	순자산총액 (억원)
주식 -업종섹터 -업종테마	371460	TIGER 차이나전기차 SOLACTIVE	2020/ 12/08	미래에셋 자산운용	Solactive China Electric Vehicle Index(Net Total Return)	21,264
	371470	TIGER 차이나바이오 테크SOLACTIVE	2020/ 12/08	미래에셋 자산운용	Solactive China Biotech Index(Net Total Return)	905
	396520	TIGER 차이나반도체 FACTSET	2021/ 08/10	미래에셋 자산운용	FactSet China Semiconductor 지수(Net Total Return)	331
	396510	TIGER 차이나클린에 너지SOLACTIVE	2021/ 08/10	미래에셋 자산운용	Solactive China Clean Energy 지수(Net Total Return)	618
	371160	TIGER 차이나항셍테 크	2020/ 12/16	미래에셋 자산운용	Hang Seng TECH Index	3,153
	275980	TIGER 글로벌4차산업 혁신기술(합성 H)	2017/ 08/01	미래에셋 자산운용	MorningStar Exponential Technologies Index(PR)	2,451
	394670	TIGER 글로벌리튬&2 차전지 SOLACTIVE(합성)	2021/ 07/20	미래에셋 자산운용	Solactive Global Lithium 지수(Net Total Return)	6,569
	276000	TIGER 글로벌자원생 산기업(합성 H)	2017/ 08/01	미래에셋 자산운용	MorningStar Global Upstream Resources Index(PR)	144
	394660	TIGER 글로벌자율주 행&전기차 SOLACTIVE	2021/ 07/20	미래에셋 자산운용	Solactive Autonomous & Electric Vehicles 지수 (Net Total Return)	1,335

분류체계	종목코드	종목명	상장일	운용사	기초지수	순자산총액 (억 원)
주식 -업종섹터 -업종테마	371450	TIGER 글로벌클라우드컴퓨팅INDXX	2020/12/08	미래에셋자산운용	Indxx Global Cloud Computing Index(Net Total Return)	496
	381170	TIGER 미국테크 TOP10 INDXX	2021/04/09	미래에셋자산운용	Indxx US Tech Top 10 Index	7,777
	305540	TIGER 2차전지테마	2018/09/12	미래에셋자산운용	WISE 2차전지 테마 지수	8,351
	396500	TIGER Fn반도체 TOP10	2021/08/10	미래에셋자산운용	FnGuide 반도체 TOP10 지수	360
	377990	TIGER Fn신재생에너지	2021/03/05	미래에셋자산운용	FnGuide 신재생 에너지 지수	236
	364960	TIGER KRX BBIG K-뉴딜	2020/10/07	미래에셋자산운용	KRX BBIG K-뉴 딜지수	3,883
	364980	TIGER KRX2차전지 K-뉴딜	2020/10/07	미래에셋자산운용	KRX 2차전지 K-뉴딜지수	6,453
	364990	TIGER KRX게임K-뉴딜	2020/10/07	미래에셋자산운용	KRX 게임 K-뉴 딜지수	320
	364970	TIGER KRX바이오 K-뉴딜	2020/10/07	미래에셋자산운용	KRX 바이오 K-뉴딜지수	921
	365000	TIGER KRX인터넷 K-뉴딜	2020/10/07	미래에셋자산운용	KRX 인터넷 K-뉴딜지수	605
	300610	TIGER K게임	2018/07/24	미래에셋자산운용	WISE K게임 테 마 지수	75
	139280	TIGER 경기방어	2011/04/06	미래에셋자산운용	코스피 200 경기 방어소비재	978
	228810	TIGER 미디어컨텐츠	2015/10/07	미래에셋자산운용	WISE 미디어컨 텐츠 지수	675
	228800	TIGER 여행레저	2015/10/07	미래에셋자산운용	WISE 여행레저 지수	1,106
	307510	TIGER 의료기기	2018/11/08	미래에셋자산운용	FnGuide 의료기 기 지수	105
	307520	TIGER 지주회사	2018/11/08	미래에셋자산운용	FnGuide 지주회 사 지수	70

분류체계	종목코드	종목명	상장일	운용사	기초지수	순자산총액 (억 원)
주식 -업종섹터 -업종테마	387280	TIGER 퓨처모빌리티액티브	2021/05/25	미래에셋 자산운용	FnGuide 퓨처모빌리티 지수	698
	228790	TIGER 화장품	2015/10/07	미래에셋 자산운용	WISE 화장품 지수	389
	305720	KODEX 2차전지산업	2018/09/12	삼성 자산운용	FnGuide 2차전지 산업 지수	9,467
	368680	KODEX Fn K-뉴딜디지털플러스	2020/11/10	삼성 자산운용	FnGuide K-뉴딜 디지털 플러스 지수	225
	395160	KODEX Fn시스템반도체	2021/07/30	삼성 자산운용	FnGuide 시스템 반도체 지수	121
	395150	KODEX Fn웹툰&드라마	2021/07/30	삼성 자산운용	FnGuide 웹툰& 드라마 지수	99
	300950	KODEX 게임산업	2018/07/24	삼성 자산운용	FnGuide 게임 산업 지수	103
	276990	KODEX 글로벌4차산업로보틱스(합성)	2017/08/17	삼성 자산운용	ROBO Global Robotics & Automation UCITS Price Return Index	233
	314250	KODEX 미국FANG플러스(H)	2019/01/10	삼성 자산운용	NYSE FANG+TM Index	4,609
	390390	KODEX 미국반도체MV	2021/06/30	삼성 자산운용	MVIS US Listed Semiconductor 25 Index	271
	390400	KODEX 미국스마트모빌리티S&P	2021/06/30	삼성 자산운용	S&P Kensho Smart Transportation	158
	244580	KODEX 바이오	2016/05/13	삼성 자산운용	FnGuide 바이오 지수	301
	372330	KODEX 차이나항셍테크	2020/12/16	삼성 자산운용	Hang Seng TECH Index	1,544
	368200	KBSTAR Fn K-뉴딜디지털플러스	2020/11/10	케이비 자산운용	FnGuide K-뉴딜 디지털 플러스 지수	100

분류체계	종목코드	종목명	상장일	운용사	기초지수	순자산총액 (억 원)
주식 -업종섹터 -업종테마	367760	KBSTAR Fn5G테크	2020/10/29	케이비 자산운용	FnGuide 5G 테크 지수	1,157
	367770	KBSTAR Fn수소경제 테마	2020/10/29	케이비 자산운용	FnGuide 수소 경제 테마 지수	3,272
	388280	KBSTAR Fn컨택트대 표	2021/06/10	케이비 자산운용	FnGuide 컨택트 대표 지수(시장 가격지수)	401
	300640	KBSTAR 게임테마	2018/07/24	케이비 자산운용	WISE 게임 테마 지수 (시장가격 지수)	195
	276650	KBSTAR 글로벌4차산 업IT(합성 H)	2017/08/17	케이비 자산운용	S&P Global 1200 Information Technology and Interactive Media & Services(PR)	345
	388420	KBSTAR 비메모리반 도체액티브	2021/06/10	케이비 자산운용	iSelect 비메모리 반도체 지수(시 장가격지수)	179
	140570	KBSTAR 수출주	2011/04/15	케이비 자산운용	MKF 수출주 지 수	65
	140580	KBSTAR 우량업종	2011/04/15	케이비 자산운용	MKF 우량업종대 표주 지수	62
	371150	KBSTAR 차이나항셍 테크	2020/12/16	케이비 자산운용	Hang Seng TECH Index	70
	368470	KINDEX Fn K-뉴딜디 지털플러스	2020/11/10	한국투자 신탁운용	FnGuide K-뉴 딜 디지털 플러스 지수	75
	380340	KINDEX Fn5G플러스	2021/04/02	한국투자 신탁운용	FnGuide 5G플 러스 지수 (시장 가격)	84
	371870	KINDEX 차이나항셍테 크	2020/12/16	한국투자 신탁운용	Hang Seng TECH Index	49
	287180	ARIRANG 미국나스닥 기술주	2017/12/13	한화 자산운용	NASDAQ 100 Technology Sector Index	277

분류체계	종목 코드	종목명	상장일	운용사	기초지수	순자산총액 (억 원)
주식 -업종섹터 -업종테마	322400	HANARO e커머스	2019/ 04/23	엔에이치 아문디 자산운용	FnGuide E커머 스 지수	1,154
	395290	HANARO Fn K-POP&미디어	2021/ 07/30	엔에이치 아문디 자산운용	FnGuide K-POP & 미디 어 지수	76
	395280	HANARO Fn K-게임	2021/ 07/30	엔에이치 아문디 자산운용	FnGuide K-게임 지수	67
	368190	HANARO Fn K-뉴딜 디지털플러스	2020/ 11/10	엔에이치 아문디 자산운용	FnGuide K-뉴 딜 디지털 플러스 지수	630
	395270	HANARO Fn K-반도 체	2021/ 07/30	엔에이치 아문디 자산운용	FnGuide K-반 도체 지수	84
	367740	HANARO Fn5G산업	2020/ 10/29	엔에이치 아문디 자산운용	FnGuide 5G 산 업 지수	145
	-업종섹터	HANARO Fn전기&수 소차	2021/ 04/02	엔에이치 아문디 자산운용	FnGuide 전기& 수소차 지수 (시 장가격)	300
	-업종테마	HANARO Fn친환경에 너지	2021/ 04/02	엔에이치 아문디 자산운용	FnGuide 친환경 에너지 지수 (시 장가격)	113
	314700	HANARO 농업융복합 산업	2018/ 12/21	엔에이치 아문디 자산운용	FnGuide 농업융 복합산업 지수 (시장가격)	70
	394340	KOSEF 릭소글로벌디 지털경제MSCI	2021/ 07/20	키움투자 자산운용	MSCI ACWI IMI 디지털 이코노미 ESG 지수(시장 가격)	82
	394350	KOSEF 릭소글로벌퓨 처모빌리티MSCI	2021/ 07/20	키움투자 자산운용	MSCI ACWI IMI 퓨처모빌리티 ESG 지수(시장 가격)	162
	385710	TIMEFOLIO BBIG액티 브	2021/ 05/25	타임폴리 오 자산운용	KRX BBIG K-뉴 딜지수	272

분류체계	종목 코드	종목명	상장일	운용사	기초지수	순자산총액 (억 원)
주식 –시장대표	102110	TIGER 200	2008/ 04/03	미래에셋 자산운용	코스피 200	23,234
	310960	TIGER 200TR	2018/ 11/20	미래에셋 자산운용	코스피 200 TR	343
	252000	TIGER 200동일가중	2016/ 09/20	미래에셋 자산운용	코스피 200 동일 가중지수	85
	267770	TIGER 200선물레버리 지	2017/ 04/25	미래에셋 자산운용	코스피 200 선물 지수	1,405
	252710	TIGER 200선물인버스 2X	2016/ 09/22	미래에셋 자산운용	코스피 200 선물 지수	1,330
	365040	TIGER AI코리아그로 스액티브	2020/ 09/29	미래에셋 자산운용	코스피	217
	292160	TIGER KRX300	2018/ 03/26	미래에셋 자산운용	KRX 300	278
	228820	TIGER KTOP30	2015/ 10/14	미래에셋 자산운용	KTOP 30	92
	310970	TIGER MSCI Korea TR	2018/ 11/20	미래에셋 자산운용	MSCI Korea TR Index	8,292
	387270	TIGER 글로벌BBIG액 티브	2021/ 05/25	미래에셋 자산운용	NASDAQ 100	786
	105010	TIGER 라틴35	2008/ 08/27	미래에셋 자산운용	BNY Latin America 35 ADR	71
	123320	TIGER 레버리지	2010/ 04/09	미래에셋 자산운용	코스피 200	346
	360750	TIGER 미국S&P500	2020/ 08/07	미래에셋 자산운용	S&P 500	5,879
	225040	TIGER 미국S&P500 레버리지(합성 H)	2015/ 07/29	미래에셋 자산운용	S&P 500	867
	143850	TIGER 미국S&P500 선물(H)	2011/ 07/18	미래에셋 자산운용	S&P 500 Futures Index(ER)	2,645
	225030	TIGER 미국S&P500 선물인버스(H)	2015/ 07/29	미래에셋 자산운용	S&P 500 Futures Total Return Index	102

분류체계	종목 코드	종목명	상장일	운용사	기초지수	순자산총액 (억원)
주식 –시장대표	133690	TIGER 미국나스닥100	2010/ 10/18	미래에셋 자산운용	NASDAQ 100	12,050
	245340	TIGER 미국다우존스 30	2016/ 07/01	미래에셋 자산운용	Dow Jones Industrial Average	679
	195930	TIGER 유로스탁스 50(합성 H)	2015/ 04/30	미래에셋 자산운용	EURO STOXX 50 Index	760
	225050	TIGER 유로스탁스레 버리지(합성 H)	2015/ 07/29	미래에셋 자산운용	EURO STOXX 50 Index	146
	225060	TIGER 이머징마켓 MSCI레버리지(합성 H)	2015/ 07/29	미래에셋 자산운용	MSCI EM Index	94
	236350	TIGER 인도니프티50 레버리지(합성)	2016/ 05/13	미래에셋 자산운용	Nifty 50 Index	294
	123310	TIGER 인버스	2010/ 03/29	미래에셋 자산운용	코스피 200 선물 지수	686
	195920	TIGER 일본TOPIX(합 성 H)	2015/ 04/30	미래에셋 자산운용	TOPIX	137
	241180	TIGER 일본니케이225	2016/ 03/31	미래에셋 자산운용	Nikkei 225	171
	192090	TIGER 차이나CSI300	2015/ 02/17	미래에셋 자산운용	CSI 300 Index	2,524
	204480	TIGER 차이나CSI300 레버리지(합성)	2015/ 09/01	미래에셋 자산운용	CSI 300 Index	1,168
	217780	TIGER 차이나CSI300 인버스(합성)	2015/ 06/10	미래에셋 자산운용	CSI 300 Index	283
	245360	TIGER 차이나HSCEI	2016/ 06/16	미래에셋 자산운용	Hang Seng China H	626
	117690	TIGER 차이나항셍25	2009/ 10/21	미래에셋 자산운용	Hang Seng China (Hong Kong–listed) 25 Index	70
	232080	TIGER 코스닥150	2015/ 11/12	미래에셋 자산운용	코스닥 150	1,643
	233160	TIGER 코스닥150 레 버리지	2015/ 12/17	미래에셋 자산운용	코스닥 150	627

분류체계	종목코드	종목명	상장일	운용사	기초지수	순자산총액(억원)
주식 –시장대표	250780	TIGER 코스닥150선물 인버스	2016/ 08/10	미래에셋 자산운용	F-코스닥150 지 수	286
	277630	TIGER 코스피	2017/ 08/31	미래에셋 자산운용	코스피	608
	069500	KODEX 200	2002/ 10/14	삼성 자산운용	코스피 200	50,384
	278530	KODEX 200TR	2017/ 11/21	삼성 자산운용	코스피 200 TR	11,887
	252650	KODEX 200동일가중	2016/ 09/20	삼성 자산운용	코스피 200 동일 가중지수	77
	252670	KODEX 200선물인버 스2X	2016/ 09/22	삼성 자산운용	코스피 200 선물 지수	22,066
	292190	KODEX KRX300	2018/ 03/26	삼성 자산운용	KRX 300	464
	306950	KODEX KRX300레버 리지	2018/ 10/16	삼성 자산운용	KRX 300	191
	229720	KODEX KTOP30	2015/ 10/14	삼성 자산운용	KTOP 30	131
	291890	KODEX MSCI EM선물 (H)	2018/ 03/23	삼성 자산운용	iEdge Emerging Markets Futures Index(ER)	50
	156080	KODEX MSCI Korea	2012/ 04/30	삼성 자산운용	MSCI Korea Index	93
	278540	KODEX MSCI Korea TR	2017/ 11/09	삼성 자산운용	MSCI Korea TR Index	10,658
	122630	KODEX 레버리지	2010/ 02/22	삼성 자산운용	코스피 200	14,954
	379800	KODEX 미국 S&P500TR	2021/ 04/09	삼성 자산운용	S&P 500 Total Return Index	1,324
	219480	KODEX 미국S&P500 선물(H)	2015/ 05/29	삼성 자산운용	S&P 500 Futures Total Return Index	1,288
	379810	KODEX 미국나스닥 100TR	2021/ 04/09	삼성 자산운용	NASDAQ-100 Total Return Index	1,389

분류체계	종목 코드	종목명	상장일	운용사	기초지수	순자산총액 (억 원)
주식 –시장대표	304940	KODEX 미국나스닥 100선물(H)	2018/ 08/30	삼성 자산운용	NASDAQ 100	815
	280930	KODEX 미국러셀 2000(H)	2017/ 11/09	삼성 자산운용	FTSE Russell 2000 Index	355
	251350	KODEX 선진국MSCI World	2016/ 08/17	삼성 자산운용	MSCI World	2,981
	114800	KODEX 인버스	2009/ 09/16	삼성 자산운용	코스피 200 선물 지수	11,676
	101280	KODEX 일본 TOPIX100	2008/ 02/20	삼성 자산운용	TOPIX100	107
	169950	KODEX 차이나A50	2013/ 01/21	삼성 자산운용	FTSE China A50 Index	353
	283580	KODEX 차이나 CSI300	2017/ 12/13	삼성 자산운용	CSI 300 Index	1,178
	099140	KODEX 차이나H	2007/ 10/10	삼성 자산운용	Hang Seng China H	465
	204450	KODEX 차이나H레버 리지(H)	2015/ 09/12	삼성 자산운용	Hang Seng China H	400
	256750	KODEX 차이나심천 ChiNext(합성)	2016/ 11/08	삼성 자산운용	SZSE ChiNext Price Index	682
	229200	KODEX 코스닥 150	2015/ 10/01	삼성 자산운용	코스닥 150	3,791
	233740	KODEX 코스닥150 레 버리지	2015/ 12/17	삼성 자산운용	코스닥 150	7,349
	251340	KODEX 코스닥150선 물인버스	2016/ 08/10	삼성 자산운용	F-코스닥150 지 수	5,903
	226490	KODEX 코스피	2015/ 08/24	삼성 자산운용	코스피	3,330
	237350	KODEX 코스피100	2016/ 01/27	삼성 자산운용	코스피 100	168
	359210	KODEX 코스피TR	2020/ 07/21	삼성 자산운용	코스피 TR	341
	364690	KODEX 혁신기술테마 액티브	2020/ 09/29	삼성 자산운용	코스피	93

분류체계	종목코드	종목명	상장일	운용사	기초지수	순자산총액 (억 원)
주식 –시장대표	148020	KBSTAR 200	2011/10/20	케이비 자산운용	코스피 200	10,336
	361580	KBSTAR 200TR	2020/08/21	케이비 자산운용	코스피 200 TR	443
	252400	KBSTAR 200선물레버리지	2016/09/12	케이비 자산운용	코스피 200 선물지수	243
	252410	KBSTAR 200선물인버스	2016/09/12	케이비 자산운용	코스피 200 선물지수	255
	252420	KBSTAR 200선물인버스2X	2016/09/22	케이비 자산운용	코스피 200 선물지수	332
	292050	KBSTAR KRX300	2018/03/26	케이비 자산운용	KRX 300	140
	307010	KBSTAR KRX300레버리지	2018/10/16	케이비 자산운용	KRX 300	133
	379780	KBSTAR 미국 S&P500	2021/04/09	케이비 자산운용	S&P 500	427
	368590	KBSTAR 미국나스닥100	2020/11/06	케이비 자산운용	NASDAQ 100	1,339
	379790	KBSTAR 유로스탁스50(H)	2021/04/09	케이비 자산운용	EURO STOXX 50 Index	68
	310080	KBSTAR 중국MSCI China(H)	2018/11/28	케이비 자산운용	MSCI China NTR Index(USD) (Net Total Return)	118
	174360	KBSTAR 중국본토대형주CSI100	2013/06/04	케이비 자산운용	CSI 100	826
	250730	KBSTAR 차이나 HSCEI(H)	2016/08/10	케이비 자산운용	Hang Seng China H	81
	291680	KBSTAR 차이나H선물인버스(H)	2018/03/23	케이비 자산운용	Hang Seng China Enterprises Futures Index(Price Return)	51
	270810	KBSTAR 코스닥150	2017/06/16	케이비 자산운용	코스닥 150	1,620

분류체계	종목 코드	종목명	상장일	운용사	기초지수	순자산총액 (억 원)
주식 –시장대표	278240	KBSTAR 코스닥150 선물레버리지	2017/08/31	케이비 자산운용	F-코스닥150 지수	1,620
	275750	KBSTAR 코스닥150 선물인버스	2017/08/01	케이비 자산운용	F-코스닥150 지수	46
	302450	KBSTAR 코스피	2018/07/24	케이비 자산운용	코스피	1,740
	105190	KINDEX 200	2008/09/25	한국투자 신탁운용	코스피 200	7,129
	332500	KINDEX 200TR	2019/08/28	한국투자 신탁운용	코스피 200 TR	3,553
	277540	KINDEX S&P아시아 TOP50	2017/08/23	한국투자 신탁운용	S&P ASIA50 Price Return Index	262
	265690	KINDEX 러시아 MSCI(합성)	2017/03/21	한국투자 신탁운용	MSCI Russia 25% Capped Price Return Index	121
	152500	KINDEX 레버리지	2012/01/27	한국투자 신탁운용	코스피 200	96
	291130	KINDEX 멕시코 MSCI(합성)	2018/03/09	한국투자 신탁운용	MSCI MEXICO IMI 25/50 Price return Index	83
	360200	KINDEX 미국 S&P500	2020/08/07	한국투자 신탁운용	S&P 500	3,575
	367380	KINDEX 미국나스닥 100	2020/10/29	한국투자 신탁운용	NASDAQ 100	2,579
	245710	KINDEX 베트남 VN30(합성)	2016/07/01	한국투자 신탁운용	VN30 Index(PR)	2,164
	371130	KINDEX 블룸버그베트 남VN30선물레버리지 (H)	2020/11/25	한국투자 신탁운용	Bloomberg VN30 Futures Excess Return Index	181
	256440	KINDEX 인도네시아 MSCI(합성)	2016/11/01	한국투자 신탁운용	MSCI Indonesia Index	426
	145670	KINDEX 인버스	2011/09/08	한국투자 신탁운용	코스피 200 선물 지수	64

분류체계	종목코드	종목명	상장일	운용사	기초지수	순자산총액 (억 원)
주식 -시장대표	238720	KINDEX 일본 Nikkei225(H)	2016/ 03/03	한국투자 신탁운용	Nikkei 225	178
	196030	KINDEX 일본TOPIX레버리지(H)	2015/ 06/16	한국투자 신탁운용	TOPIX	119
	205720	KINDEX 일본TOPIX인버스(합성 H)	2015/ 09/29	한국투자 신탁운용	TOPIX	94
	168580	KINDEX 중국본토 CSI300	2012/ 11/29	한국투자 신탁운용	CSI 300 Index	2,341
	219900	KINDEX 중국본토 CSI300레버리지(합성)	2015/ 05/28	한국투자 신탁운용	CSI 300 Index	133
	251890	KINDEX 코스닥(합성)	2016/ 09/06	한국투자 신탁운용	코스닥	86
	354500	KINDEX 코스닥150	2020/ 05/07	한국투자 신탁운용	코스닥 150	265
	305050	KINDEX 코스피	2018/ 10/05	한국투자 신탁운용	코스피	77
	261920	KINDEX 필리핀 MSCI(합성)	2016/ 12/28	한국투자 신탁운용	MSCI Philippines IMI Index	55
	152100	ARIRANG 200	2012/ 01/10	한화 자산운용	코스피 200	7,832
	295820	ARIRANG 200동일가중	2018/ 05/11	한화 자산운용	코스피 200 동일 가중지수	59
	253150	ARIRANG 200선물레버리지	2016/ 09/29	한화 자산운용	코스피 200 선물 지수	110
	253160	ARIRANG 200선물인버스2X	2016/ 09/22	한화 자산운용	코스피 200 선물 지수	150
	292750	ARIRANG KRX300	2018/ 03/26	한화 자산운용	KRX 300	111
	189400	ARIRANG 글로벌 MSCI(합성 H)	2013/ 12/10	한화 자산운용	MSCI ACWI Index	89
	269540	ARIRANG 미국 S&P500(H)	2017/ 05/16	한화 자산운용	S&P 500	377
	195970	ARIRANG 선진국 MSCI(합성 H)	2015/ 05/13	한화 자산운용	MSCI EAFE Index	63

분류체계	종목 코드	종목명	상장일	운용사	기초지수	순자산총액 (억 원)
주식 -시장대표	195980	ARIRANG 신흥국 MSCI(합성 H)	2015/ 05/13	한화 자산운용	MSCI EM Index	714
	373530	ARIRANG 신흥국 MSCI인버스(합성 H)	2020/ 12/16	한화 자산운용	MSCI EM Index	67
	256450	ARIRANG 심천차이넥 스트(합성)	2016/ 11/08	한화 자산운용	SZSE ChiNext Price Index	86
	301400	ARIRANG 코스닥150	2018/ 07/05	한화 자산운용	코스닥 150	59
	301410	ARIRANG 코스닥150 선물인버스	2018/ 07/11	한화 자산운용	F-코스닥150 지 수	51
	227830	ARIRANG 코스피	2015/ 09/23	한화 자산운용	코스피	94
	122090	ARIRANG 코스피50	2010/ 01/07	한화 자산운용	코스피 50	133
	328370	ARIRANG 코스피TR	2019/ 06/25	한화 자산운용	코스피 TR	1,197
	293180	HANARO 200	2018/ 03/30	엔에이치 아문디 자산운용	코스피 200	5,703
	332930	HANARO 200TR	2019/ 08/28	엔에이 치아문디 자산운용	코스피 200 TR	2,080
	304780	HANARO 200선물레 버리지	2018/ 08/14	엔에이치 아문디 자산운용	코스피 200 선물 지수	504
	306520	HANARO 200선물인 버스	2018/ 09/18	엔에이치 아문디 자산운용	코스피 200 선물 지수	834
	304760	HANARO KRX300	2018/ 08/14	엔에이치 아문디 자산운용	KRX 300	165
	332940	HANARO MSCI Korea TR	2019/ 08/28	엔에이치 아문디 자산운용	MSCI Korea TR Index	2,610
	304770	HANARO 코스닥150	2018/ 08/14	엔에이치 아문디 자산운용	코스닥 150	375

분류체계	종목코드	종목명	상장일	운용사	기초지수	순자산총액 (억 원)
주식 -시장대표	306530	HANARO 코스닥150 선물레버리지	2018/ 09/18	엔에이치 아문디 자산운용	F-코스닥150 지수	57
	069660	KOSEF 200	2002/ 10/14	키움투자 자산운용	코스피 200	5,486
	294400	KOSEF 200TR	2018/ 04/23	키움투자 자산운용	코스피 200 TR	4,728
	253250	KOSEF 200선물레버리지	2016/ 09/12	키움투자 자산운용	코스피 200 선물지수	253
	253240	KOSEF 200선물인버스	2016/ 09/12	키움투자 자산운용	코스피 200 선물지수	44
	253230	KOSEF 200선물인버스2X	2016/ 09/22	키움투자 자산운용	코스피 200 선물지수	113
	100910	KOSEF KRX100	2008/ 01/23	키움투자 자산운용	KRX 100	114
	200250	KOSEF 인도 Nifty50(합성)	2015/ 06/26	키움투자 자산운용	Nifty 50 Index	499
	316670	KOSEF 코스닥150	2019/ 01/22	키움투자 자산운용	코스닥 150	170
	291630	KOSEF 코스닥150선물레버리지	2018/ 03/16	키움투자 자산운용	F-코스닥150 지수	81
	291620	KOSEF 코스닥150선물인버스	2018/ 03/16	키움투자 자산운용	F-코스닥150 지수	42
	153270	KOSEF 코스피100	2012/ 02/28	키움투자 자산운용	코스피 100	151
	295040	SOL 200TR	2018/ 04/23	신한 자산운용	코스피 200 TR	2,605
	292500	SOL KRX300	2018/ 03/26	신한 자산운용	KRX 300	167
	399110	SOL 미국 S&P500ESG	2021/ 09/14	신한 자산운용	S&P500 ESG(PR)	99
	208470	SOL 선진국MSCI World(합성 H)	2015/ 11/24	신한 자산운용	MSCI World	111
	220130	SOL 중국본토 중소형 CSI500(합성 H)	2015/ 06/08	신한 자산운용	CSI 500 지수	55

분류체계	종목 코드	종목명	상장일	운용사	기초지수	순자산총액 (억 원)
주식 -시장대표	385720	TIMEFOLIO Kstock액티브	2021/ 05/25	타임폴리오 자산운용	코스피	414
	391670	HK 베스트일레븐액티브	2021/ 07/06	흥국 자산운용	코스피 200	73
	391680	HK 하이볼액티브	2021/ 07/06	흥국 자산운용	코스피 200	70
	292730	FOCUS KRX300	2018/ 03/26	브이아이 자산운용	KRX 300	186
	168300	KTOP 코스피50	2012/ 11/12	하나UBS 자산운용	코스피 50	181
	108590	TREX 200	2009/ 01/23	유리에셋	코스피 200	102
	159800	마이티 코스피100	2012/ 07/05	디비 자산운용	코스피 100	85
	152870	파워 200	2012/ 02/13	교보악사 자산운용	코스피 200	268
	140950	파워 코스피100	2011/ 05/03	교보악사 자산운용	코스피 100	135
주식 -업종섹터	269370	TIGER S&P글로벌인프라(합성)	2017/ 05/16	미래에셋 자산운용	S&P Global Infrastructure Index	66
	381180	TIGER 미국필라델피아반도체나스닥	2021/ 04/09	미래에셋 자산운용	PHLX Semiconductor Sector Index	5,139
	269420	KODEX S&P글로벌인프라(합성)	2017/ 05/16	삼성 자산운용	S&P Global Infrastructure Index	142
	269530	ARIRANG S&P글로벌인프라	2017/ 05/16	한화 자산운용	S&P Global Infrastructure Index	60
주식 -업종섹터 -건설	139220	TIGER 200 건설	2011/ 04/06	미래에셋 자산운용	코스피 200 건설	1,067
	117700	KODEX 건설	2009/ 10/30	삼성 자산운용	KRX 건설	903

분류체계	종목코드	종목명	상장일	운용사	기초지수	순자산총액 (억 원)
주식 -업종섹터 -건설	287300	KBSTAR 200건설	2017/12/22	케이비 자산운용	코스피 200 건설	68
주식 -업종섹터 -경기소비재	139290	TIGER 200 경기소비재	2011/04/06	미래에셋 자산운용	코스피 200 경기 소비재	71
	098560	TIGER 방송통신	2007/09/07	미래에셋 자산운용	KRX 방송통신	60
	266390	KODEX 경기소비재	2017/03/28	삼성 자산운용	KRX 경기소비재	89
	091180	KODEX 자동차	2006/06/27	삼성 자산운용	KRX 자동차	6,640
	287310	KBSTAR 200경기소비재	2017/12/22	케이비 자산운용	코스피 200 경기 소비재	57
주식 -업종섹터 -금융	139270	TIGER 200 금융	2011/04/06	미래에셋 자산운용	코스피 200 금융	370
	091220	TIGER 은행	2006/06/27	미래에셋 자산운용	KRX 은행	690
	157500	TIGER 증권	2012/05/16	미래에셋 자산운용	FnGuide 증권 지수	60
	140700	KODEX 보험	2011/04/26	삼성 자산운용	KRX 보험	159
	091170	KODEX 은행	2006/06/27	삼성 자산운용	KRX 은행	3,771
	102970	KODEX 증권	2008/05/29	삼성 자산운용	KRX 증권	549
	284980	KBSTAR 200금융	2017/12/08	케이비 자산운용	코스피 200 금융	49
주식 -업종섹터 -산업재	227550	TIGER 200 산업재	2015/09/23	미래에셋 자산운용	코스피 200 산업재	46
	102960	KODEX 기계장비	2008/05/29	삼성 자산운용	KRX 기계장비	159
	200030	KODEX 미국S&P산업재(합성)	2015/06/12	삼성 자산운용	S&P Select Sector Industrial Index	181
	140710	KODEX 운송	2011/04/26	삼성 자산운용	KRX 운송	223

분류체계	종목코드	종목명	상장일	운용사	기초지수	순자산총액 (억 원)
주식 -업종섹터 -산업재	287320	KBSTAR 200산업재	2017/12/22	케이비자산운용	코스피 200 산업재	63
주식 -업종섹터 -생활소비재	227560	TIGER 200 생활소비재	2015/09/23	미래에셋자산운용	코스피 200 생활소비재	41
	266410	KODEX 필수소비재	2017/03/28	삼성자산운용	KRX 필수소비재	233
	287330	KBSTAR 200생활소비재	2017/12/22	케이비자산운용	코스피 200 생활소비재	41
주식 -업종섹터 -에너지화학	139250	TIGER 200 에너지화학	2011/04/06	미래에셋자산운용	코스피 200 에너지/화학	216
	243890	TIGER 200에너지화학레버리지	2016/05/13	미래에셋자산운용	코스피 200 에너지/화학	124
	218420	KODEX 미국S&P에너지(합성)	2015/04/28	삼성자산운용	S&P Select Sector Energy Index	223
	117460	KODEX 에너지화학	2009/10/12	삼성자산운용	KRX 에너지화학	255
	284990	KBSTAR 200에너지화학	2017/12/08	케이비자산운용	코스피 200 에너지/화학	73
	219390	KBSTAR 미국S&P원유생산기업(합성 H)	2015/06/02	케이비자산운용	S&P Oil & Gas Exploration & Production Select Industry Index(PR)	510
주식 -업종섹터 -정보기술	139260	TIGER 200 IT	2011/04/06	미래에셋자산운용	코스피 200 정보기술	8,705
	243880	TIGER 200IT레버리지	2016/05/13	미래에셋자산운용	코스피 200 정보기술	380
	091230	TIGER 반도체	2006/06/27	미래에셋자산운용	KRX 반도체	1,265
	157490	TIGER 소프트웨어	2012/05/16	미래에셋자산운용	FnGuide 소프트웨어 지수	886
	261060	TIGER 코스닥150IT	2016/12/15	미래에셋자산운용	코스닥 150 정보기술	93
	363580	KODEX 200IT TR	2020/09/25	삼성자산운용	코스피200 정보기술 TR	539

분류체계	종목코드	종목명	상장일	운용사	기초지수	순자산총액 (억 원)
주식 -업종섹터 -정보기술	266370	KODEX IT	2017/03/28	삼성 자산운용	KRX 정보기술	529
	266360	KODEX 미디어&엔터테인먼트	2017/03/28	삼성 자산운용	KRX 미디어&엔터테인먼트	458
	091160	KODEX 반도체	2006/06/27	삼성 자산운용	KRX 반도체	2,295
	298770	KODEX 한국대만IT프리미어	2018/06/11	삼성 자산운용	한국 대만 IT 프리미어지수	1,144
	285000	KBSTAR 200IT	2017/12/08	케이비 자산운용	코스피 200 정보기술	103
	280320	KINDEX 미국IT인터넷 S&P(합성 H)	2017/10/17	한국투자 신탁운용	다우존스 인터넷 종합지수	165
주식 -업종섹터 -중공업	139230	TIGER 200 중공업	2011/04/06	미래에셋 자산운용	코스피 200 중공업	542
	285010	KBSTAR 200중공업	2017/12/08	케이비 자산운용	코스피 200 중공업	56
주식 -업종섹터 -철강소재	139240	TIGER 200 철강소재	2011/04/06	미래에셋 자산운용	코스피 200 철강/소재	136
	117680	KODEX 철강	2009/10/30	삼성 자산운용	KRX 철강	489
	285020	KBSTAR 200철강소재	2017/12/08	케이비 자산운용	코스피 200 철강/소재	48
주식 -업종섹터 -커뮤니케이션서비스	315270	TIGER 200커뮤니케이션서비스	2019/01/15	미래에셋 자산운용	코스피 200 커뮤니케이션서비스	99
	315480	KBSTAR 200커뮤니케이션서비스	2019/01/15	케이비 자산운용	코스피 200 커뮤니케이션서비스	99
주식 -업종섹터 -헬스케어	227540	TIGER 200 헬스케어	2015/09/23	미래에셋 자산운용	코스피 200 헬스케어	313
	248270	TIGER S&P글로벌헬스케어(합성)	2016/07/01	미래에셋 자산운용	S&P Global 1200 Health Care Index	197
	203780	TIGER 미국나스닥바이오	2015/08/27	미래에셋 자산운용	NASDAQ Biotechnology 지수(시장가격지수)	420

분류체계	종목코드	종목명	상장일	운용사	기초지수	순자산총액(억 원)
주식 -업종섹터 -헬스케어	248260	TIGER 일본TOPIX헬스케어(합성)	2016/07/01	미래에셋 자산운용	TOPIX-17 Pharmaceutical Index	124
	261070	TIGER 코스닥150바이오테크	2016/12/15	미래에셋 자산운용	코스닥 150 헬스케어	116
	143860	TIGER 헬스케어	2011/07/18	미래에셋 자산운용	KRX 헬스케어	1,663
	185680	KODEX 미국S&P바이오(합성)	2013/10/31	삼성 자산운용	S&P Biotechnology Select Industry Index	107
	266420	KODEX 헬스케어	2017/03/28	삼성 자산운용	KRX 헬스케어	297
	253280	KBSTAR 헬스케어	2016/09/23	케이비 자산운용	FnGuide 헬스케어 지수	80
	309210	ARIRANG KRX300헬스케어	2018/11/08	한화 자산운용	KRX300 헬스케어	59
주식 -규모 -대형주	292150	TIGER TOP10	2018/03/30	미래에셋 자산운용	FnGuide TOP10 지수	12,332
	277640	TIGER 코스피대형주	2017/08/31	미래에셋 자산운용	코스피 대형주	66
	337150	KODEX 200exTOP	2019/11/14	삼성 자산운용	코스피 200 초대형제외 지수	195
	395170	KODEX Fn Top10동일가중	2021/07/30	삼성 자산운용	FnGuide TOP10 동일가중지수	83
	337140	KODEX 코스피대형주	2019/11/14	삼성 자산운용	코스피 대형주	410
	143460	KINDEX 밸류대형	2011/06/21	한국투자 신탁운용	FnGuide-RAFI 코리아 대형 지수	194
	104520	KOSEF 블루칩	2008/07/29	키움투자 자산운용	MKF 블루칩	122
주식 -규모 -중형주	277650	TIGER 코스피중형주	2017/08/31	미래에셋 자산운용	코스피 중형주	81
	226980	KODEX 200 중소형	2015/09/01	삼성 자산운용	코스피 200 중소형주지수	92

분류체계	종목 코드	종목명	상장일	운용사	기초지수	순자산총액 (억원)
주식 -규모 -중형주	361590	KBSTAR 코스피 ex200	2020/ 08/21	케이비 자산운용	코스피200제외 코스피지수	138
	266550	ARIRANG 중형주저변 동50	2017/ 03/28	한화 자산운용	FnGuide 중형주 저변동50지수	62
	301440	ARIRANG 코스피중형 주	2018/ 07/05	한화 자산운용	코스피 중형주	73
	331910	KOSEF Fn중소형	2019/ 08/13	키움투자 자산운용	FnGuide-키움 스마트 중소형주 지수	276
주식 -전략	319870	KBSTAR KRX300미 국달러선물혼합	2019/ 03/19	케이비 자산운용	KRX 300 미국달 러 선물혼합지수	78
주식 -전략 -가치	227570	TIGER 우량가치	2015/ 09/23	미래에셋 자산운용	FnGuide 퀄리티 밸류 지수	221
	223190	KODEX 200가치저변 동	2015/ 06/26	삼성 자산운용	코스피 200 가치 저변동성	194
	275290	KODEX MSCI밸류	2017/ 07/11	삼성 자산운용	MSCI Korea IMI Enhanced Value Capped	102
	244670	KODEX 밸류Plus	2016/ 05/13	삼성 자산운용	FnGuide 밸류 Plus 지수	122
	234310	KBSTAR V&S셀렉트 밸류	2016/ 02/02	케이비 자산운용	FnGuide 셀렉트 밸류 지수	78
	309230	KINDEX 미국 WideMoat가치주	2018/ 10/25	한국투자 신탁운용	MorningStar Wide Moat Focus Index	1,049
	272230	KINDEX 스마트밸류	2017/ 07/11	한국투자 신탁운용	FnGuide 스마트 밸류 지수	92
	333970	ARIRANG KS밸류가 중TR	2019/ 09/05	한화 자산운용	FnGuide KS 밸 류 가중 TR 지수	90
	145850	TREX 펀더멘탈 200	2011/ 09/23	유리에셋	FnGuide-RAFI 코리아200 지수	102
주식 -전략 -구조화	166400	TIGER 200커버드콜 5%OTM	2012/ 10/25	미래에셋 자산운용	코스피 200 커버 드콜 5% OTM	75
	289480	TIGER 200커버드콜 ATM	2018/ 02/09	미래에셋 자산운용	코스피 200 커버 드콜 ATM 지수	66

분류체계	종목 코드	종목명	상장일	운용사	기초지수	순자산총액 (억 원)
주식 -전략 -구조화	276970	KODEX 미국S&P고배 당커버드콜(합성 H)	2017/ 08/10	삼성 자산운용	S&P500 Dividend Aristocrats Covered Call(7.2% Premium) Index	361
	290080	KBSTAR 200고배당 커버드콜ATM	2018/ 02/27	케이비 자산운용	코스피 200 고배 당커버드콜 ATM 지수(시장가격지 수)	59
	137930	마이다스 200커버드콜 5%OTM	2011/ 02/15	마이다스 에셋	코스피 200 커버 드콜 5% OTM	89
	292340	마이티 200커버드콜 ATM레버리지	2018/ 03/20	디비 자산운용	코스피 200 커버 드콜 ATM 지수	62
주식 -전략 -기업그룹	138530	TIGER LG그룹+펀더 멘털	2011/ 03/10	미래에셋 자산운용	MKF LG그룹+ FW	179
	138520	TIGER 삼성그룹펀더멘 털	2011/ 03/07	미래에셋 자산운용	MKF SAMs FW	217
	138540	TIGER 현대차그룹+펀 더멘털	2011/ 03/10	미래에셋 자산운용	MKF 현대차그룹 + FW	1,287
	102780	KODEX 삼성그룹	2008/ 05/21	삼성 자산운용	삼성그룹	16,273
	213610	KODEX 삼성그룹밸류	2015/ 01/08	삼성 자산운용	WISE 삼성그룹 밸류 인덱스	85
	105780	KBSTAR 5대그룹주	2008/ 10/22	케이비 자산운용	MKF 5대그룹주	94
	131890	KINDEX 삼성그룹동일 가중	2010/ 09/17	한국투자 신탁운용	MKF SAMs EW 지수	88
	108450	KINDEX 삼성그룹섹터 가중	2009/ 02/03	한국투자 신탁운용	MKF SAMs SW	2,480
주식 -전략 -배당	211560	TIGER 배당성장	2015/ 12/17	미래에셋 자산운용	코스피 배당성장 50	181
	245350	TIGER 유로스탁스배 당30	2016/ 07/01	미래에셋 자산운용	Euro STOXX Select Dividend 30	156
	210780	TIGER 코스피고배당	2015/ 12/05	미래에셋 자산운용	코스피 고배당 50	221

분류체계	종목코드	종목명	상장일	운용사	기초지수	순자산총액(억 원)
주식 -전략 -배당	279530	KODEX 고배당	2017/10/17	삼성 자산운용	FnGuide 고배당 Plus 지수	349
	325020	KODEX 배당가치	2019/05/31	삼성 자산운용	FnGuide SLV 배당가치 지수	997
	211900	KODEX 배당성장	2015/12/17	삼성 자산운용	코스피 배당성장 50	211
	270800	KBSTAR KQ고배당	2017/07/07	케이비 자산운용	FnGuide KQ고배당포커스 지수	108
	266160	KBSTAR 고배당	2017/04/14	케이비 자산운용	FnGuide 고배당포커스 지수	787
	281990	KBSTAR 중소형고배당	2017/11/02	케이비 자산운용	FnGuide 중소형 고배당포커스 지수	58
	251590	ARIRANG 고배당저변동50	2016/08/11	한화 자산운용	FnGuide 고배당 저변동50 지수	135
	161510	ARIRANG 고배당주	2012/08/29	한화 자산운용	FnGuide 배당주 지수	2,021
	213630	ARIRANG 미국다우존스고배당주(합성 H)	2015/01/26	한화 자산운용	Dow Jones U.S Select Dividend Index(시장가격지수)	266
	322410	HANARO 고배당	2019/04/23	엔에이치 아문디 자산운용	FnGuide 고배당 알파 지수	245
	104530	KOSEF 고배당	2008/07/29	키움투자 자산운용	MKF 웰스 고배당20	87
	373790	KOSEF 미국방어배당성장나스닥	2020/12/24	키움투자 자산운용	Nasdaq US Low Volatility Dividend Achievers Index	70
	192720	파워 고배당저변동성	2015/02/20	교보악사 자산운용	코스피 200 고배당지수	66
주식 -전략 -변동성	174350	TIGER 로우볼	2013/06/20	미래에셋 자산운용	FnGuide Low Vol 지수	72

264

분류체계	종목코드	종목명	상장일	운용사	기초지수	순자산총액(억 원)
주식 -전략 -변동성	279540	KODEX 최소변동성	2017/10/17	삼성자산운용	KRX 최소변동성 지수	122
	322130	KINDEX 스마트로우볼	2019/04/16	한국투자신탁운용	FnGuide 스마트 로우볼 지수	83
	322150	KINDEX 스마트하이베타	2019/04/16	한국투자신탁운용	FnGuide 스마트 하이베타 지수	89
	333940	ARIRANG KS로우볼 가중TR	2019/09/05	한화자산운용	FnGuide KS 로우볼 가중 TR 지수	69
	215620	HK S&P코리아로우볼	2015/03/25	흥국자산운용	S&P Korea 저변동성 지수	60
주식 -전략 -성장	217790	TIGER 가격조정	2015/04/29	미래에셋자산운용	FnGuide Contrarian Index	50
	147970	TIGER 모멘텀	2011/10/26	미래에셋자산운용	FnGuide 모멘텀 지수	74
	325010	KODEX Fn성장	2019/05/31	삼성자산운용	FnGuide 성장 지수(PR)	1,022
	275280	KODEX MSCI모멘텀	2017/07/11	삼성자산운용	MSCI Korea IMI Momentum Capped	79
	244620	KODEX 모멘텀Plus	2016/05/13	삼성자산운용	FnGuide 모멘텀 Plus 지수	118
	252730	KBSTAR 모멘텀로우볼	2016/10/14	케이비자산운용	FnGuide 모멘텀&로우볼 지수	89
	252720	KBSTAR 모멘텀밸류	2016/10/14	케이비자산운용	FnGuide 모멘텀&밸류 지수	87
	272220	KINDEX 스마트모멘텀	2017/07/11	한국투자신탁운용	FnGuide 스마트 모멘텀 지수	86
	333960	ARIRANG KS모멘텀 가중TR	2019/09/05	한화자산운용	FnGuide KS 모멘텀 가중 TR 지수	80
주식 -전략 -전략테마	289260	TIGER MSCI KOREA ESG리더스	2018/02/07	미래에셋자산운용	MSCI Korea Country ESG Leaders Capped Index	521

분류체계	종목코드	종목명	상장일	운용사	기초지수	순자산총액 (억 원)
주식 -전략 -전략테마	289250	TIGER MSCI KOREA ESG유니버설	2018/02/07	미래에셋 자산운용	MSCI Korea ESG Universal Index	144
	261140	TIGER 우선주	2017/01/06	미래에셋 자산운용	코스피 우선주 지수	83
	150460	TIGER 중국소비테마	2011/12/16	미래에셋 자산운용	FnGuide 중국내 수테마 지수	1,453
	376410	TIGER 탄소효율그린 뉴딜	2021/02/05	미래에셋 자산운용	KRX/S&P 탄소 효율 그린뉴딜지 수	752
	337160	KODEX 200ESG	2019/11/14	삼성 자산운용	코스피 200 ESG 지수	526
	360140	KODEX 200롱코스닥 150숏선물	2020/08/21	삼성 자산운용	코스피200 롱 100% 코스닥 150 숏 100% 선 물지수	173
	385520	KODEX K-미래차액티 브	2021/05/25	삼성 자산운용	FnGuide K-미래 차 지수	758
	385510	KODEX K-신재생에너 지액티브	2021/05/25	삼성 자산운용	FnGuide K-신 재생에너지 플러 스 지수	671
	373490	KODEX K-이노베이션 액티브	2020/12/24	삼성 자산운용	FnGuide K-이 노베이션 지수	76
	289040	KODEX MSCI KOREA ESG유니버설	2018/02/07	삼성 자산운용	MSCI Korea ESG Universal Capped Index	179
	315930	KODEX Top5PlusTR	2019/01/22	삼성 자산운용	FnGuide TOP 5 Plus Total Return 지수	4,710
	360150	KODEX 코스닥150롱 코스피200숏선물	2020/08/21	삼성 자산운용	코스닥150 롱 100% 코스피 200 숏 100% 선 물지수	131
	375770	KODEX 탄소효율그린 뉴딜	2021/02/05	삼성 자산운용	KRX/S&P 탄소 효율 그린뉴딜지 수	468
	290130	KBSTAR ESG사회책 임투자	2018/02/27	케이비 자산운용	KRX ESG 사회 책임경영지수(S)	3,335

분류체계	종목코드	종목명	상장일	운용사	기초지수	순자산총액 (억 원)
주식 -전략 -전략테마	326240	KBSTAR IT플러스	2019/06/20	케이비 자산운용	FnGuide IT플러스 지수	1,908
	326230	KBSTAR 내수주플러스	2019/06/20	케이비 자산운용	FnGuide 내수주 플러스 지수	393
	315960	KBSTAR 대형고배당 10TR	2019/01/22	케이비 자산운용	WISE 대형고배당10 TR 지수	550
	226380	KINDEX Fn성장소비 주도주	2015/08/19	한국투자 신탁운용	FnGuide 성장소 비주도 지수	94
	391590	KINDEX 미국스 팩&IPO INDXX	2021/08/05	한국투자 신탁운용	Indxx SPAC & NEXTGEN IPO Price return Index	122
	391600	KINDEX 미국친환경그 린테마INDXX	2021/08/05	한국투자 신탁운용	Indxx US Green Infrastructure Price return Index	201
	385590	네비게이터 ESG액티 브	2021/05/25	한국투자 신탁운용	MSCI Korea Country ESG Leaders Custom Capped Price return Index	333
	385600	네비게이터 친환경자동 차밸류체인액티브	2021/05/25	한국투자 신탁운용	FnGuide 친환경 자동차 밸류체인 지수	343
	395750	ARIRANG ESG가치주 액티브	2021/07/30	한화 자산운용	FnGuide 한화 ESG 가치 지수	899
	395760	ARIRANG ESG성장주 액티브	2021/07/30	한화 자산운용	FnGuide 한화 ESG 성장 지수	469
	376250	ARIRANG 탄소효율그 린뉴딜	2021/02/05	한화 자산운용	KRX/S&P 탄소 효율 그린뉴딜지 수	63
	354350	HANARO 글로벌럭셔 리S&P(합성)	2020/05/12	엔에이치 아문디 자산운용	S&P Global Luxury Index	521
	375760	HANARO 탄소효율그 린뉴딜	2021/02/05	엔에이치 아문디 자산운용	KRX/S&P 탄소 효율 그린뉴딜지 수	136

분류체계	종목코드	종목명	상장일	운용사	기초지수	순자산총액 (억 원)
주식 -전략 -전략테마	285690	FOCUS ESG리더스	2017/12/13	브이아이 자산운용	KRX ESG Leaders 150	227
주식 -전략 -혼합/퀀트	337120	KODEX Fn멀티팩터	2019/11/14	삼성 자산운용	FnGuide 멀티팩터 지수	100
	275300	KODEX MSCI퀄리티	2017/07/11	삼성 자산운용	MSCI Korea IMI Quality Capped	73
	244660	KODEX 퀄리티Plus	2016/05/13	삼성 자산운용	FnGuide 퀄리티 Plus 지수	75
	322120	KINDEX 스마트퀄리티	2019/04/16	한국투자 신탁운용	FnGuide 스마트 퀄리티 지수	90
	278420	ARIRANG ESG우수기업	2017/08/31	한화 자산운용	WISE ESG우수 기업 지수	50
	333950	ARIRANG KS로우사이즈가중TR	2019/09/05	한화 자산운용	FnGuide KS 로 우사이즈 가중 TR 지수	88
	333980	ARIRANG KS퀄리티가중TR	2019/09/05	한화 자산운용	FnGuide KS 퀄 리티 가중 TR 지 수	78
	280920	ARIRANG 주도업종	2017/10/17	한화 자산운용	FnGuide 주도업 종 지수	62
혼합자산	321410	KODEX 멀티에셋하이인컴(H)	2019/06/05	삼성 자산운용	Morningstar Multi-Asset High Income 10% Capped Index	54
혼합자산 -주식+채권	341850	TIGER KIS부동산인프라채권TR	2020/05/22	미래에셋 자산운용	KIS 부동산인프 라채권 TR지수	380
	237440	TIGER 경기방어채권혼합	2016/01/27	미래에셋 자산운용	경기방어소비재 채권혼합 지수	69
	284430	KODEX 200미국채혼합	2017/11/30	삼성 자산운용	코스피 200 미국 채 혼합지수	159
	329650	KODEX TRF3070	2019/07/04	삼성 자산운용	FnGuide TRF 3070 지수	939
	329660	KODEX TRF5050	2019/07/04	삼성 자산운용	FnGuide TRF 5050 지수	209

분류체계	종목 코드	종목명	상장일	운용사	기초지수	순자산총액 (억 원)
혼합자산 -주식+채권	329670	KODEX TRF7030	2019/ 07/04	삼성 자산운용	FnGuide TRF 7030 지수	199
	237370	KODEX 배당성장채권 혼합	2016/ 01/27	삼성 자산운용	배당성장채권혼 합지수	220
	241390	KBSTAR V&S셀렉트 밸류채권혼합	2016/ 04/12	케이비 자산운용	FnGuide 셀렉트 밸류 채권혼합지 수	148
	354240	KBSTAR 미국고정배 당우선증권ICE TR	2020/ 05/19	케이비 자산운용	ICE BofAML Core Plus Fixed Rate Preferred Securities Index	81
	183710	KBSTAR 주식혼합	2013/ 10/17	케이비 자산운용	주식국채혼합(주 식형)지수	86
	183700	KBSTAR 채권혼합	2013/ 10/17	케이비 자산운용	주식국채혼합(채 권형)지수	151
	253290	KBSTAR 헬스케어채 권혼합	2016/ 09/23	케이비 자산운용	FnGuide 헬스케 어 채권혼합 지수	124
	251600	ARIRANG 고배당주채 권혼합	2016/ 08/11	한화 자산운용	FnGuide 고배당 채권혼합 지수	124
	238670	ARIRANG 스마트베타 Quality채권혼합	2016/ 02/24	한화 자산운용	WISE-KAP 스 마트베타 Quality 채권혼 합지수	67
혼합자산 -채권+리츠	342140	KINDEX 모닝스타싱가 포르리츠채권혼합	2019/ 12/27	한국투자 신탁운용	Morningstar Singapore REIT Yield Focus Income Protection Index	100
채권 -국공채	342500	KBSTAR KRX국채선 물3년10년스티프너	2019/ 12/19	케이비 자산운용	국채선물 3년/10 년 일드커브 스티 프닝 지수(총수 익지수)	62
	342600	KBSTAR KRX국채선 물3년10년스티프너2X	2019/ 12/19	케이비 자산운용	국채선물 3년/10 년 일드커브 스티 프닝 지수(총수 익지수)	63

분류체계	종목코드	종목명	상장일	운용사	기초지수	순자산총액(억원)
채권 -국공채	342610	KBSTAR KRX국채선물3년10년플래트너	2019/12/19	케이비 자산운용	국채선물 3년/10년 일드커브 플래트닝 지수(총수익지수)	60
	342620	KBSTAR KRX국채선물3년10년플래트너2X	2019/12/19	케이비 자산운용	국채선물 3년/10년 일드커브 플래트닝 지수(총수익지수)	59
채권 -국공채 -단기	272580	TIGER 단기채권액티브	2017/06/29	미래에셋 자산운용	KIS 통안채 3개월(총수익)	1,916
	157450	TIGER 단기통안채	2012/05/16	미래에셋 자산운용	KIS 통안채 3개월(총수익)	15,485
	329750	TIGER 미국달러단기채권액티브	2019/07/24	미래에셋 자산운용	KIS U.S. TREASURY BOND 0-1Y 지수(총수익)	1,301
	153130	KODEX 단기채권	2012/02/22	삼성 자산운용	KRW Cash 지수(총수익)	20,036
	272560	KBSTAR 단기국공채액티브	2017/06/29	케이비 자산운용	KIS 종합채권국공채3M~1.5Y지수	2,611
	196230	KBSTAR 단기통안채	2015/05/19	케이비 자산운용	KIS 통안채 5개월 지수(총수익)	2,994
	190620	KINDEX 단기통안채	2013/12/23	한국투자 신탁운용	KIS MSB 단기지수(총수익)	2,180
	390950	HANARO 단기채권액티브	2021/06/25	엔에이치아문디 자산운용	KAP 단기 통안채지수(총수익)	1,747
	122260	KOSEF 통안채1년	2010/01/14	키움투자 자산운용	MK 통안채지수(총수익)	932
	363510	SOL KIS단기통안채	2020/09/09	신한 자산운용	KIS 단기통안채 Index(총수익)	631
채권 -국공채 -중기	114820	TIGER 국채3년	2009/08/27	미래에셋 자산운용	KTB INDEX(시장가격)	693
	302170	TIGER 국채선물3년인버스	2018/07/20	미래에셋 자산운용	국채선물지수	50

분류체계	종목코드	종목명	상장일	운용사	기초지수	순자산총액(억 원)
채권 -국공채 -중기	302190	TIGER 중장기국채	2018/07/20	미래에셋 자산운용	KIS 국채 3~10년 지수(시장가격지수)	592
	114260	KODEX 국고채3년	2009/07/29	삼성 자산운용	MKF 국고채지수 (총수익)	1,006
	292770	KODEX 국채선물3년 인버스	2018/04/13	삼성 자산운용	국채선물지수	51
	114100	KBSTAR 국고채3년	2009/07/29	케이비 자산운용	KTB INDEX(시 장가격)	269
	282000	KBSTAR 국고채3년선 물인버스	2017/11/09	케이비 자산운용	국채선물지수	2,037
	397420	KBSTAR 국채선물5년 추종	2021/08/31	케이비 자산운용	5년 국채선물 추 종 지수	24
	397410	KBSTAR 국채선물5년 추종인버스	2021/08/31	케이비 자산운용	5년 국채선물 추 종 지수	610
	272570	KBSTAR 중장기국공 채액티브	2017/06/29	케이비 자산운용	KIS 종합채권국 공채4~5Y지수	333
	114460	KINDEX 국고채3년	2009/07/31	한국투자 신탁운용	KTB INDEX(시 장가격)	445
	299080	KINDEX 국채선물3년 인버스	2018/06/08	한국투자 신탁운용	국채선물지수	50
	272910	KINDEX 중장기국공채 액티브	2017/06/29	한국투자 신탁운용	KIS 종합채권국 공채1~10Y지수	157
	298340	ARIRANG 국채선물3 년	2018/06/08	한화 자산운용	국채선물지수	73
	114470	KOSEF 국고채3년	2009/07/31	키움투자 자산운용	KTB INDEX(시 장가격)	335
	176710	파워 중기국고채	2013/05/22	교보악사 자산운용	KTB INDEX(시 장가격)	60
채권 -국공채 -장기	302180	TIGER 국채선물10년 인버스	2018/07/20	미래에셋 자산운용	10년국채선물지 수	49
	305080	TIGER 미국채10년선 물	2018/08/30	미래에셋 자산운용	S&P 10-Year U.S. Treasury Note Futures(ER)	675

분류체계	종목코드	종목명	상장일	운용사	기초지수	순자산총액 (억 원)
채권 -국공채 -장기	152380	KODEX 국채선물10년	2012/01/20	삼성 자산운용	10년국채선물지수	198
	176950	KODEX 국채선물10년 인버스	2013/05/31	삼성 자산운용	10년국채선물지수	154
	308620	KODEX 미국채10년선물	2018/10/19	삼성 자산운용	S&P 10-Year U.S. Treasury Note Futures KRW(ER)	142
	304660	KODEX 미국채울트라 30년선물(H)	2018/09/12	삼성 자산운용	S&P Ultra T-Bond Futures Index(ER)	221
	304670	KODEX 미국채울트라 30년선물인버스(H)	2018/09/12	삼성 자산운용	S&P Ultra T-Bond Futures Index(ER)	67
	385560	KBSTAR KIS국고채30 년Enhanced	2021/05/26	케이비 자산운용	KIS 국고채30년 Enhanced지수 (시장가격)	1,043
	295000	KBSTAR 국채선물10 년	2018/05/11	케이비 자산운용	10년국채선물지수	56
	295020	KBSTAR 국채선물10 년인버스	2018/05/11	케이비 자산운용	10년국채선물지수	50
	267440	KBSTAR 미국장기국 채선물(H)	2017/04/20	케이비 자산운용	S&P U.S. Treasury Bond Futures Excess Return Index	58
	267490	KBSTAR 미국장기국 채선물레버리지(합성 H)	2017/04/20	케이비 자산운용	S&P U.S. Treasury Bond Futures Excess Return Index	67
	267450	KBSTAR 미국장기국 채선물인버스(H)	2017/04/20	케이비 자산운용	S&P U.S. Treasury Bond Futures Excess Return Index	40

분류체계	종목코드	종목명	상장일	운용사	기초지수	순자산총액 (억 원)
채권 -국공채 -장기	267500	KBSTAR 미국장기국채선물인버스2X(합성H)	2017/04/20	케이비자산운용	S&P U.S. Treasury Bond Futures Excess Return Index	33
	365780	KINDEX 국고채10년	2020/10/15	한국투자신탁운용	KIS 10년 국고채지수 (총수익)	141
	299070	KINDEX 국채선물10년인버스	2018/06/08	한국투자신탁운용	10년국채선물지수	48
	289670	ARIRANG 국채선물10년	2018/02/07	한화자산운용	10년국채선물지수	78
	346000	HANARO KAP초장기국고채	2020/01/16	엔에이치아문디자산운용	KAP 초장기 국고채 지수(총수익)	56
	148070	KOSEF 국고채10년	2011/10/20	키움투자자산운용	KIS 10년 국고채지수 (총수익)	1,339
	167860	KOSEF 국고채10년레버리지	2012/10/30	키움투자자산운용	KIS 10년 국고채지수 (총수익)	89
채권 -혼합 -단기	273140	KODEX 단기변동금리부채권액티브	2017/06/29	삼성자산운용	KAP 단기변동금리부은행채권지수	1,142
	214980	KODEX 단기채권PLUS	2015/03/03	삼성자산운용	KRW Cash PLUS 지수(총수익)	14,600
	385550	KBSTAR KIS단기종합채권(AA-이상)액티브	2021/05/26	케이비자산운용	KIS 단기종합채권지수(AA-이상)(총수익지수)	2,530
	278620	ARIRANG 단기채권액티브	2017/09/26	한화자산운용	KAP 투자적격 크레딧 채권 1년 지수(A- 이상,총수익)	193
	130730	KOSEF 단기자금	2010/07/29	키움투자자산운용	MK 머니마켓 지수(총수익)	717
	363570	KODEX 장기종합채권(AA-이상)액티브KAP	2020/09/25	삼성자산운용	KAP 한국장기종합채권지수 (AA-이상, 총수익)	330

분류체계	종목코드	종목명	상장일	운용사	기초지수	순자산총액(억 원)
채권 -혼합 -단기	273130	KODEX 종합채권(AA-이상)액티브	2017/06/29	삼성자산운용	KAP 한국종합채권지수	13,998
	385540	KBSTAR KIS종합채권(A-이상)액티브	2021/05/26	케이비자산운용	KIS 종합채권 지수(A-이상)(총수익지수)	3,766
	356540	KINDEX KIS종합채권(AA-이상)액티브	2020/07/21	한국투자신탁운용	KIS 종합채권 AA-이상 총수익지수(Total return Index)	376
채권 -회사채	239660	ARIRANG 우량회사채 50 1년	2016/03/22	한화자산운용	KOBI HALF CREDIT Index(총수익)	261
	332610	ARIRANG 미국단기우량회사채	2019/08/20	한화자산운용	ICE BofaAML 1-3 Year AAA-A US Corporate Index(총수익지수)	230
	332620	ARIRANG 미국장기우량회사채	2019/08/20	한화자산운용	ICE BofaAML 15+ Year AAA-A US Corporate Index(총수익지수)	294
	182490	TIGER 단기선진하이일드(합성 H)	2015/03/24	미래에셋자산운용	Markit iBoxx USD Liquid High Yield 0-5 year 지수	151
	336160	KBSTAR 금융채액티브	2019/10/29	케이비자산운용	KIS 종합채권금융채 2.5Y-3Y 지수 (총수익)	504
	136340	KBSTAR 중기우량회사채	2011/04/15	케이비자산운용	KOBI 크레딧 지수(총수익)	1,572
통화 -미국달러	261110	TIGER 미국달러선물레버리지	2016/12/27	미래에셋자산운용	미국달러선물지수	71
	261120	TIGER 미국달러선물인버스2X	2016/12/27	미래에셋자산운용	미국달러선물지수	88
	261240	KODEX 미국달러선물	2016/12/27	삼성자산운용	미국달러선물지수	1,038

분류체계	종목 코드	종목명	상장일	운용사	기초지수	순자산총액 (억 원)
통화 -미국달러	261250	KODEX 미국달러선물 레버리지	2016/ 12/27	삼성 자산운용	미국달러선물지 수	235
	261270	KODEX 미국달러선물 인버스	2016/ 12/27	삼성 자산운용	미국달러선물지 수	52
	261260	KODEX 미국달러선물 인버스2X	2016/ 12/27	삼성 자산운용	미국달러선물지 수	63
	138230	KOSEF 미국달러선물	2011/ 02/24	키움투자 자산운용	미국달러선물지 수	327
	225800	KOSEF 미국달러선물 레버리지	2015/ 08/10	키움투자 자산운용	미국달러선물지 수	225
	139660	KOSEF 미국달러선물 인버스	2011/ 04/01	키움투자 자산운용	미국달러선물지 수	112
	230480	KOSEF 미국달러선물 인버스2X	2015/ 11/16	키움투자 자산운용	미국달러선물지 수	167
통화 -일본엔	292560	TIGER 일본엔선물	2018/ 04/17	미래에셋 자산운용	엔선물지수	84
부동산	329200	TIGER 부동산인프라 고배당	2019/ 07/19	미래에셋 자산운용	FnGuide 부동산 인프라고배당 지 수	998
	182480	TIGER 미국MSCI리츠 (합성 H)	2013/ 10/10	미래에셋 자산운용	MSCI US REIT Index	1,615
	352540	KODEX TSE일본리츠 (H)	2020/ 05/13	삼성 자산운용	Tokyo Stock Exchange REIT Index	107
	352560	KODEX 다우존스미국 리츠(H)	2020/ 05/13	삼성 자산운용	Dow Jones U.S. Real Estate PR Index	182
	375270	KBSTAR 글로벌데이 터센터리츠나스닥(합 성)	2021/ 01/14	케이비 자산운용	Benchmark Data & Infrastructure Real Estate SCTR Net Total Return Index	96
	181480	KINDEX 미국다우존 스리츠(합성 H)	2013/ 08/01	한국투자 신탁운용	Dow Jones U.S. Real Estate Index	263

분류체계	종목 코드	종목명	상장일	운용사	기초지수	순자산총액 (억 원)
부동산	316300	KINDEX 싱가포르리츠	2019/ 01/29	한국투자 신탁운용	Morningstar Singapore REIT Yield Focus Index(PR)	111
원자재 –금속	160580	TIGER 구리실물	2012/ 12/17	미래에셋 자산운용	S&P GSCI Cash Copper Index	239
	138910	KODEX 구리선물(H)	2011/ 03/15	삼성 자산운용	S&P GSCI North American Copper Index(TR)	234
	319640	TIGER 골드선물(H)	2019/ 04/09	미래에셋 자산운용	S&P GSCI Gold Index(TR)	276
	132030	KODEX 골드선물(H)	2010/ 10/01	삼성 자산운용	S&P GSCI Gold Index(TR)	2,185
	280940	KODEX 골드선물인버 스(H)	2017/ 11/09	삼성 자산운용	S&P GSCI GOLD Index Excess Return	45
	225130	KINDEX 골드선물 레 버리지(합성 H)	2015/ 07/28	한국투자 신탁운용	S&P GSCI GOLD Index Excess Return	206
	144600	KODEX 은선물(H)	2011/ 07/18	삼성 자산운용	S&P GSCI Silver Index(TR)	981
	334690	KBSTAR 팔라듐선물 (H)	2019/ 09/24	케이비 자산운용	S&P GSCI Palladium Excess Return Index	53
	334700	KBSTAR 팔라듐선물 인버스(H)	2019/ 09/24	케이비 자산운용	S&P GSCI Palladium Excess Return Index	30
	139310	TIGER 금속선물(H)	2011/ 04/08	미래에셋 자산운용	S&P GSCI Industrial Metals Select Index(TR)	50
	139320	TIGER 금은선물(H)	2011/ 04/08	미래에셋 자산운용	S&P GSCI Precious Metals Index(TR)	73

분류체계	종목코드	종목명	상장일	운용사	기초지수	순자산총액 (억 원)
원자재 -농산물	138920	KODEX 콩선물(H)	2011/ 03/15	삼성 자산운용	S&P GSCI Soybeans Index(TR)	68
	137610	TIGER 농산물선물 Enhanced(H)	2011/ 01/11	미래에셋 자산운용	S&P GSCI Agriculture Enhanced Index(ER)	288
	271060	KODEX 3대농산물선물(H)	2017/ 06/13	삼성 자산운용	S&P GSCI Grains Select Index ER	101
원자재 -에너지 -원유	130680	TIGER 원유선물 Enhanced(H)	2010/ 08/02	미래에셋 자산운용	S&P GSCI Crude Oil Enhanced Index ER	653
	217770	TIGER 원유선물인버스(H)	2015/ 04/29	미래에셋 자산운용	S&P GSCI Crude Oil Index ER	36
	261220	KODEX WTI원유선물(H)	2016/ 12/27	삼성 자산운용	S&P GSCI Crude Oil Index ER	1,956
	271050	KODEX WTI원유선물인버스(H)	2017/ 06/13	삼성 자산운용	S&P GSCI Crude Oil Index ER	86
기타	357870	TIGER CD금리투자KIS(합성)	2020/ 07/07	미래에셋 자산운용	KIS CD Index(총수익)	2,574

※ 2021.09.29 기준 (출처: 한국거래소)

순위	국가	TICKER	ETF 공식 명칭	순매수금액 (억 원)
1	미국	SPY US	SPDR® S&P 500 ETF	5,029
2	미국	QQQ US	Invesco QQQ Trust ETF	4,310
3	미국	TQQQ US	ProShares UltraPro QQQ ETF	3,395
4	홍콩	2828 HK	HangSeng China Enterprises Index ETF	2,524
5	미국	VOO US	Vanguard S&P 500 ETF	2,394
6	미국	LIT US	Global X Lithium & Battery ETF	2,097
7	미국	ICLN US	iShares Global Clean Engergy ETF	1,708
8	미국	SOXX US	iShares PHLX Semiconductor ETF	1,461
9	미국	ARKK US	ARK Innovation ETF	1,352
10	미국	IVV US	iShares Core S&P 500 ETF	1,325
11	미국	QLD US	ProShares Ultra QQQ ETF	1,316
12	미국	DRIV US	Global X Autonmous & Electric Vehicle ETF	1,007
13	미국	CTEC US	Global X CleanTech ETF	1,004
14	미국	QYLD US	Global X Nasdaq 100 Covered Call ETF	1,004
15	홍콩	9806 HK	Global X China Consumer Brand ETF (USD)	436
16	홍콩	9826 HK	Global X China Cloud Computing ETF (USD)	249
17	홍콩	2809 HK	Global X China Clean Energy ETF (HKD)	218
18	홍콩	2806 HK	Global X China Consumer Brand ETF (HKD)	202
19	홍콩	3033 HK	CSOP Hang Seng TECH Index ETF	191
20	홍콩	2807 HK	Global X China Robotics and AI ETF (HKD)	126
21	일본	2626 JP	Global X Digital Innovation Japan ETF	110
22	홍콩	3191 HK	Global X China Semiconductor ETF (HKD)	102
23	일본	2627 JP	Global X E-Commerce Japan ETF	76
24	홍콩	3067 HK	iShares Hang Seng TECH ETF	66

순위	국가	TICKER	ETF 공식 명칭	순매수금액 (억 원)
25	홍콩	3151 HK	Premia China STAR50 ETF	43
26	홍콩	3058 HK	Global X China Innovator Active ETF	26
27	일본	1552 JP	KOKUSAI S&P500 VIX SHORT–TERM FUTURES INDEX ETF	24
28	일본	2636 JP	Global X Governace–Quality Japan ETF	21
29	일본	2637 JP	Global X CleanTech ESG Japan ETF	21
30	일본	2640 JP	Global X Japan Games & Animation ETF	17

출처 : 예탁결제원, 2021.01.01~2021.09.29 기준, 환율 1,136.60원 기준

KI신서 9923
세상 편하게 부자되는 법, ETF

1판 1쇄 발행 2021년 10월 27일
1판 6쇄 발행 2022년 3월 7일

지은이 이승원, 임종욱, 안상혁, 두지영
펴낸이 김영곤
펴낸곳 (주)북이십일 21세기북스

출판사업부문이사 정지은
인생명강팀장 윤서진 **인생명강팀** 남영란
디자인 표지 this-cover.kr **본문** 제이알컴
출판마케팅영업본부장 민안기
마케팅2팀 나은경 정유진 이다솔 김경은 박보미 .
출판영업팀 김수현 이광호 최명열
제작팀 이영민 권경민

출판등록 2000년 5월 6일 제406-2003-061호
주소 (10881) 경기도 파주시 회동길 201(문발동)
대표전화 031-955-2100 **팩스** 031-955-2151 **이메일** book21@book21.co.kr

© 이승원·임종욱·안상혁·두지영, 2021

ISBN 978-89-509-9766-3 03320

(주)북이십일 경계를 허무는 콘텐츠 리더

21세기북스 채널에서 도서 정보와 다양한 영상자료, 이벤트를 만나세요!

페이스북 facebook.com/jiinpill21   **포스트** post.naver.com/21c_editors
인스타그램 instagram.com/jiinpill21   **홈페이지** www.book21.com
유튜브 youtube.com/book21pub

서울대 **가**지 않아도 들을 수 있는 **명강**의! 〈서가명강〉
'서가명강'에서는 〈서가명강〉과 〈인생명강〉을 함께 만날 수 있습니다.
유튜브, 네이버, 팟캐스트에서 '서가명강'을 검색해보세요!